COURS

PROFESSÉ AU COLLÈGE DE FRANCE

PAR

J. MICHELET

1847—1848

PARIS
CHAMEROT, LIBRAIRE-ÉDITEUR
13, RUE DU JARDINET

1848

Paris. — Imprimerie Bonaventure et Ducessois, 55, quai des Augustins.

TABLE DES MATIÈRES.

Introduction. — V

La Révolution doit être non-seulement politique et sociale, mais religieuse. — VI

Impression de la fête du 4 mars. — VIII

Nous entrons dans la voie du sacrifice. — IX

Route que l'auteur a suivie : d'abord les *Jésuites* et le *Prêtre*; puis le livre du *Peuple*, et l'*Histoire de la Révolution*. — X

Lettre de MM. Michelet et Quinet à la Prusse, pour les Polonais condamnés, 6 décembre 1847. — XIV

Lettre des mêmes aux Suisses, 11 décembre 1847. — XV

Révolution du 24 février. — XVI

Victoire de la fraternité. — XVIII

Apparition d'une âme nouvelle. — XIX

Comment garderons-nous cette âme héroïque. — XX

APPENDICE. XXII

Rentrée au collége de France, 6 mars 1848 :
Allocution. Rôle des écoles en France, comme médiation et lien de fraternité. Rôle de la France en Europe. Vœu d'une fédération des peuples. XXIII

Lettre au ministre de l'instruction publique: L'auteur restera historien. La connaissance de la première révolution est un besoin moral de celle-ci. XXIX

Lettre pour les condamnés politiques, 12 mars. XXXVI

Lettre de MM. Michelet et Quinet pour les réfugiés, spécialement pour les Polonais, 24 mars. XXXVII

Lettre sur l'association européenne en faveur des Polonais, sous la présidence d'un Français et d'un Allemand, 3 avril. XXXVIII

COURS DE 1847-1848.

PREMIÈRE LEÇON.

16 décembre 1847.

Profonde division sociale entre les lettrés et les illettrés. 9
La littérature de ce temps est-elle populaire ? 12
Qui doit commencer le mouvement d'union. 14
Nous nous exagérons l'unité nationale. 16

Dans quelles limites agit la Presse. 18
Dans quelles limites agit le théâtre. 24
L'influence du théâtre a-t-elle été nationale ? 26
Contraste du théâtre antique. 28
De la rénovation sociale. 29
Quel en sera le premier agent, le médiateur ? 30

DEUXIÈME LEÇON.

23 décembre 1847.

Le divorce social dans la littérature et dans la langue, commencé dès le moyen-âge. 33
La Révolution crée une légende d'unité. 39
Le cœur doit être accusé du divorce social, mais l'esprit avant le cœur. 40
Notre éducation, tout abstraite, prépare le divorce social. 41
Cette éducation, toutefois, moins mauvaise dans le fond que dans la forme. 44
Position triste et isolée de l'étudiant. 46
Comment le jeune légiste doit interpréter le droit par la vie. 47
Avantages du jeune médecin pour étudier la vie morale. 50
Souvenir de Savart. 53
La Salpêtrière et Bicêtre. 55
Combien le jeune homme peut puiser de vie dans le peuple. 56
Souvenir de Mickiewicz (1812). 58

La grande famille du jeune homme, c'est l'homme
de génie et le peuple. 60
Sens général de cette leçon. 64

TROISIÈME LEÇON.

30 décembre 1847.

L'esprit est commun, le *caractère* est rare. 67
Se faire peuple. 71
Du pauvre volontaire : sobriété de Grégoire, de
Latour-d'Auvergne. 72
Personne ne veut l'égalité. 73
L'inégalité dans la famille même. 74
Il ne faut pas dire : Ce n'est qu'une femme, un enfant,
une classe ignorante, une minorité, etc. 76
Exemples du monde romain, du monde chrétien. 77
— de Napoléon ; son divorce. 78
Sagesse des femmes et des enfants. 81
Les sciences morales prévoient peu l'avenir. 86
Il faut en écouter la voix, confuse encore, dans les
soupirs de ceux qui souffrent et qui montent. 90

Histoire de la suspension (2 janvier 1848). 95
Adieux aux écoles (7 janvier). 98

QUATRIÈME LEÇON.

6 janvier 1848.

Mission du jeune homme comme pacificateur social. 107

De son intervention entre le riche et le pauvre. 110
Il faut qu'il aime et pratique sincèrement l'égalité. 112
La haute distinction morale est de niveau avec toutes les classes. 114
L'homme supérieur rassure. 116
De la vulgarité. 117
De la distinction. 118
De la distinction anglaise. 119
De la distinction française. 120
Du peuple de Paris. 122
Vulgarité, distinction du peuple de Paris. 123
Ce peuple qui vit si peu, conserve une chose fixe : le sentiment national. 126

CINQUIÈME LEÇON.

13 janvier 1848.

Où est l'obstacle du jeune homme ? 131
Dans la famille ? 132
Dans la société ? 136
En lui-même ? 137
Il est principalement dans la dispersion d'esprit. 138
Découragement et dissipation. 139
Géricault vers 1823. 140
Il avait résisté à la réaction de l'époque. 142
Son découragement, son isolement, sa mort, 1824. 144
Il eût dû se raviver aux sources sociales, descendre dans le peuple. 148
La création nouvelle demande que l'on concilie la solitude et la société. 150

SIXIÈME LEÇON.

20 janvier 1848.

Où est l'obstacle du peuple.	159
Est-ce la réaction religieuse qui l'empêche de se rapprocher des classes lettrées?	162
Nullité de l'ancien esprit.	165
Le clergé n'est fort que par le monopole de la charité, de l'éducation religieuse, de l'association, que lui donne l'État.	166
Tendances religieuses. Agonie des anciennes formes.	171
Le paysan croit-il?	172
Affaiblissement momentané de l'esprit nouveau.	174
Que la foi révolutionnaire eut les deux conditions d'une religion.	175
Comment cette foi a faibli.	176
Contradiction, doute, tentation de l'homme du peuple, spécialement du paysan.	178
Nous devons le raffermir, nous raffermir dans cette foi, qui est celle de l'avenir.	182

SEPTIÈME LEÇON.

27 janvier 1848.

La Révolution a donné à la France une *légende* commune, moyen de rapprochement pour les classes diverses.	187
La France n'avait rien de tel, en 89.	190
Elle avait peu conservé sa tradition.	192

Divorce des *langues*, depuis le douzième siècle. 194
Deux courants de langues et de littératures : 195
    1° De Rabelais à Voltaire ; 196
    2° De Calvin à Rousseau. 197
La langue de Rousseau n'arrive pas au peuple. 198
Le peuple n'aime point la langue raisonneuse et romanesque, mais l'histoire et la poésie. 199
Napoléon et Byron partageaient en ceci le sentiment du peuple. 201
La légende locale périt au profit d'une poésie plus haute. 202
Ne pas mêler le roman, ni le mélodrame, à la légende 204
Exemple tiré d'une esquisse de Gros. 205
L'originalité spécifique fait la force du récit populaire. 206
Le dernier mot du soldat à l'Empereur dans la retraite de Moscou. 208

HUITIÈME LEÇON.

3 février 1848.

Le XVIIIᵉ siècle a commencé la fondation d'un *Droit humain*, sans lequel nulle alliance possible entre les classes diverses. 215
Vico, Voltaire, Rousseau. 216
Sagesse instinctive du peuple. 217
Nous y avons montré la base du droit du peuple. 218
La Cité est une initiation, une éducation mutuelle de tous par tous. 219
Qu'est-ce que la Loi ? 223
La Loi doit formuler la pensée des masses, leur traduire leurs propres instincts. 224

Des malentendus sociaux. 225
La Vendée ignora que la Révolution était une religion. 226
La Révolution méconnut les instincts républicains de la Vendée. 227
Il eût fallu révéler la Vendée à elle-même. 252

NEUVIÈME LEÇON.

10 février 1848.

Suite de la leçon précédente. 241
Nos législateurs devaient fonder la loi dans l'opinion, dans l'éducation. 242
Personne n'a pris au sérieux la souveraineté du peuple. 244
La France non consultée pendant soixante ans. 245
La loi toujours neutralisée. 246
Tiraillement du corps social. 247
Mélanges monstrueux. 248
Mort commencée. 249
Le poëme du *Dernier Homme*. 250
Il suffit qu'il reste *un homme*, une étincelle morale. 251
Devoir du jeune homme. 252
Qu'il puise la force morale en lui. 254
Ce n'est pas un miracle du génie qu'il faut, mais un miracle du cœur. *Ib.*
Les grandes révolutions morales n'eurent de nouveau que l'appel au sacrifice. 255
Exemples de la révolution indienne, de la chrétienne, de la nôtre. 256

La nôtre ne fonda pas la loi dans la volonté, par une éducation appropriée. 258

Il ne faut ni démêler, ni couper le fil trop mêlé. 260

Il faut, d'un grand cœur, entraîner le monde dans une sphère supérieure. 262

Il faut que la fraternité marche devant la loi, lui fraye un chemin. 263

Comment on peut commencer l'œuvre dès aujourd'hui, hors du monde des disputes. 264

Conseil à un jeune homme. 266

DIXIÈME LEÇON.

17 février 1848.

« Des choses, et non des mots. » 271

Alliance du jeune lettré et du peuple dans l'œuvre commune du monde nouveau. 272

Le jeune homme ne peut rester dans l'égoïsme. 274

Il est atteint, même en ses plus chers attachements. 275

Il faut qu'il se crée un monde à aimer. 276

Anéantissement de l'Eglise et de l'État. 278

Nullité de l'éducation qui étouffe l'avenir; 279

Absence de toute nourriture morale. 280

L'individu doit suppléer à ce que ne fait point l'autorité. 281

Contraste de la vie sombre, abandonnée, du peuple d'aujourd'hui, et de la vie brillante, tout *éducative* du peuple d'Athènes. 285

Unité des facultés humaines : Eschyle. 286

Unité d'opinion formée par le théâtre. 287
ÉDUCATION NATIONALE. Le théâtre en est la forme
la plus efficace. 288
(*Cette éducation sera l'objet d'un cours; aujourd'hui un mot de ce que peut faire le théâtre*) :
Comment la légende populaire doit renouveler le
théâtre. 290
Lui conserver le caractère populaire. 291
Paroles de la Pucelle. 292
Napoléon chantant à Austerlitz. 293
La légende de Latour-d'Auvergne, premier grenadier de la République. 294
Comment un théâtre vraiment populaire peut recommencer la fraternité. 298

Un siècle a passé en un mois, tout a changé autour de nous. Nous voilà tout-à-coup dans d'autres conditions d'existence. — Celles de la pensée sont les mêmes. L'idée de ce Cours, sa nécessité subsiste. Démontrée par l'événement, elle revient, mieux autorisée, parler au monde nouveau.

Mais, avant tout, rendons grâce à Dieu qui a donné infiniment à ceux qui demandaient peu, qui nous a épargné je ne sais combien d'intermédiaires dont chacun eût coûté une révolution. Ce que nous avions le plus à craindre c'était de voir la France flotter, nager péniblement entre les systèmes divers, faible, douteuse, hésitante. La voici assise en sa force.

Et toutefois, malgré ce beau et merveilleux événement, nous reproduisons identique la pensée qui nous inspire depuis si longtemps :

Il ne faut pas que la Révolution soit extérieure, à la surface, il faut qu'elle entre et pénètre. Il la faut plus profonde que ne fut la première Révolution, trop exclusivement *politique* ; — plus profonde que ne veulent les socialistes, préoccupés presque uniquement d'améliorations *matérielles*. — Il faut qu'elle aille au fond de l'homme, qu'elle agisse sur l'âme, qu'elle atteigne les volontés, qu'elle soit une Révolution voulue, une Révolution du cœur, une transformation *morale et religieuse* [1].

Jusque-là, nous n'avons rien.

Et si cela nous manquait, nous resterions incapables des sacrifices infinis que cette révolution doit nous demander.

---

[1] Le clergé, dont l'alliance n'a pas peu contribué à perdre le dernier gouvernement, exploite déjà la révolution. Il s'est mêlé d'abord timidement au mouvement, ne sachant trop comment il y serait reçu. On se rappelle la première scène, les drapeaux d'un bataillon subrepticement bénis par l'archevêque, qui, *par hasard*, les rencontre à sa porte, *demande ce qu'on veut*, etc. Plus tard, le clergé s'enhardit ; il se fait appeler à bénir les arbres de Liberté. La Liberté est elle-même une bénédiction de Dieu, qui n'en réclame nulle autre. Elle demande seulement qu'on ne travaille pas contre elle aux élections... Singulier état de ce corps ! les uns bénissent le jour, les autres maudissent le soir. Sont-ils pour nous ou contre nous ? On le verra bientôt aux résultats. — Un principe nouveau surgira. Ne vous engagez pas avec l'ancien qui a toujours perdu ses alliés, et Napoléon, et Charles X, et Louis-Philippe. Si vous eussiez consulté nos morts de février, est-il bien sûr qu'ils eussent voulu être menés à la Madeleine ?

C'est cette pensée, reproduite sous formes diverses, dans nos livres et dans nos cours, que nous avons cette année spécialement adressée au jeune homme, et qui a trouvé dans nos Écoles (nous les en remercierons à jamais) le plus noble écho.

Nous leur disions dans ce Cours que, par eux, la Révolution devait être une alliance entre les classes diverses, *qu'ils étaient les médiateurs, les pacificateurs naturels de la Cité*, que les malentendus, les vaines discordes pouvaient se dissiper à leur voix, se neutraliser. Nous avons offert à la générosité de leur jeune cœur ce glorieux sacerdoce d'un monde nouveau [1].

Voilà ce que nous disions avant. Et nous le disons après, lorsque cette même parole est bien plus utile encore. Puisse, par leur salutaire influence, se continuer, pour le salut de la France, pour l'honneur de

[1] Un jour, dans nos cours ou dans nos livres, nous nous expliquerons sur les caractères du nouveau sacerdoce. Un de ces caractères s'est révélé le jour où les quêtes, qui ne se faisaient que dans les églises, ont commencé au Collége de France, non plus au profit de la tyrannie religieuse, mais dans une pensée humaine de libre fraternité.—Une commission fut créée ici dans ce but par nos élèves des Écoles, pendant qu'il s'en formait de semblables à Tours et dans d'autres villes.

la nature humaine et l'instruction du monde, cette sublime fraternité qui parut aux barricades, où le combat fut souvent à qui mourrait l'un pour l'autre !

———

Le samedi 4 mars, perdu dans la foule immense qui menait nos morts à la Madeleine, au milieu de cinq cent mille hommes qui faisaient si bien l'ordre entre eux, je tombai dans un profond attendrissement sur ce peuple le plus pacifique à-la-fois et le plus vaillant du monde. Des femmes, leurs nourrissons sur les bras, erraient au milieu de ces forêts de baïonnettes, et quand les chants s'interrompaient, il y avait des silences admirables, où vous n'auriez entendu que la voix de quelque enfant.

Je me trouvais là justement comme au fond de mon cabinet, absorbé dans mes pensées. Et la pensée qui du cœur me monta aux lèvres, et que j'exprimais tout haut, c'était : « Dure à jamais ce jour !... Puissions-nous, en récompense du sentiment vraiment fraternel qui nous anime aujourd'hui, le conserver et l'étendre, le fortifier dans nos cœurs, le garder si bien, ce trésor de l'âme, que nous puissions sans hésiter lui sacrifier les autres. Qu'est-ce que tous les biens de la terre en présence des joies d'un tel jour?... Ce jour des funérailles triomphantes, c'est la fête du dévouement, la fête du sacrifice. Ceux-ci ont tout donné, leur vie. Et nous, nous sommes appelés dans une voie de sacrifices plus longue et non moins difficile; nous n'aurons pas toujours des ailes pour voler par-dessus le monde; nous marcherons, et sur la route, bien des pierres blesseront nos pieds. Tenons haut, bien haut, notre cœur, foulons hardiment l'obstacle d'en bas... Nos intérêts, nos habitudes, il faut qu'en nous tout cède, tout obéisse, dans cette victoire de nos idées. S'il nous en coûte, prenons en dédommagement la résurrection de tant d'hommes, hier dans le désespoir, aujourd'hui sauvés, heureux d'espérance. Grandissons, étendons nos cœurs, et d'une ouverture immense, embrassons joyeusement le monde qui vient à nous. Nous ne pouvons rien perdre ici, que nous ne profitions davantage. Qui gagne, perd, et qui meurt, vit... Salut, monde aimable, immense, de fraternité, de justice ! Quoi que tu m'apportes, c'est bien. Je ne compte point avec toi. Quoi que je donne, c'est peu. Je te donne un homme mortel, qui demain allait s'éteindre ; tu m'offres, pour tout l'avenir, la participation fraternelle au bonheur du genre humain, tu me donnes d'anticiper du regard des cieux inconnus, d'entrer, de foi et d'amour, au règne d'un nouveau Dieu !

———

En revenant sur la série de mes livres et de mes cours, dans les cinq dernières années où leur tendance fut pratique, politique et religieuse, où par des voies diverses ils préparaient la Révolution, je ne vois rien à regretter, ni dans la méthode générale, ni dans les moyens spéciaux par lesquels j'initiai le public à des idées souvent fort éloignées de lui. J'ai marché très-droit.

Je n'ai point, comme beaucoup d'autres, tiraillé, escarmouché tout autour. J'ai été au cœur.

Le jésuitisme religieux, le jésuitisme politique, ce n'étaient pas des alliés rapprochés par un hasard fortuit, c'était une même méthode, une même théorie de mensonge. Nulle attaque n'était sérieuse contre eux, s'ils n'étaient pris au point de leur jonction, saisis, serrés dans les ténèbres de l'âme, où tous deux sont la même chose, le Génie du faux.

Le faux fut posé d'abord en deux livres polémiques et négatifs, les *Jésuites*, le *Prêtre*.—Puis, le vrai fut mis en face, par deux livres positifs, qui ne combattent plus, mais enseignent, le *Peuple* et la *Révolution*. Ajoutez-y ce *Cours* de 1848, où j'assignai le caractère de la révolution nouvelle que je voyais arriver : L'alliance des écoles et du peuple, de l'étudiant et du travailleur.

Nos *Jésuites*, tirés d'abord par un journal à 48,000, reproduits par les journaux de provinces, puis répandus en petits volumes, et par les contrefaçons, ont été traduits ensuite dans toutes les langues du monde; ils ont surtout pénétré l'Italie. — On peut en dire autant du *Prêtre*, qui fut traduit même en arabe. Dans ce dernier livre, l'ennemi était pris au foyer même, chaque famille avertie, et directement intéressée dans la Révolution. Nous osons dire qu'après le terrible procès de Toulouse, rien n'a plus efficacement remué les esprits, plus profondément miné la puissance ecclésiastique, et le gouvernement, son complice, qui croyait follement que cette ruine pouvait lui servir d'appui.

Dans ces livres de combat, je ne fus pas tellement absorbé par le combat, qu'en brisant l'autel des faux dieux, je ne marquasse déjà la place d'un autre autel.

Il fallait, à travers la mêlée de la polémique, entre tant de négations opposées aux négations, donner une affirmation, un objet réel, positif, vrai, vivant, une personne, écarter l'abstraction, pour toute théorie, montrer l'homme... J'oubliai toute dispute, je dépouillai l'écrivain, je me plaçai à l'écart, et seul en face de moi... Et puis, j'ouvris ma poitrine, j'y lus le livre du *Peuple*.

C'était moi, et c'étaient tous. Plus je lisais au dedans, mieux j'y voyais le dehors concentré et réfléchi. Le mot de fraternité est très-faible pour exprimer le sentiment qui domine ce livre ; union, unité, vaudraient mieux, l'unité d'un monde en une âme.

Cette unité en action, c'est le caractère divin des grands jours de la *Révolution*, tels que je les ai racontés, celui de la Prise de la Bastille, et de nos Fédérations, et du Départ de 92, de tant d'autres moments sublimes. Voilà ce qu'il fallait dégager et mettre en lumière, si l'on voulait donner vraiment le fond, la substance de la Révolution ¹. Il fallait subordonner, dans ces grands actes du peuple, les influences individuelles que les prétendues histoires mettaient en première ligne. Il fallait montrer que les moyens de Terreur (employés de très-bonne heure et dès la Constituante) allèrent créant, augmentant toujours une nécessité de Terreur, qui, pour sauver la Révolution, l'a perdue pour cinquante ans ; — perdue au dehors, lui rendant toute propa-

¹ Et pour la question qu'on croit de forme, et qui est de fond aussi, *l'impossibilité de la royauté, la nécessité de la république*, je l'ai prise dans sa racine, et bien plus loin que n'avaient pu faire les hommes de la Révolution qui connaissaient peu les précédents historiques, et ne savaient pas l'affinité de cette question avec la question religieuse. V. mon Histoire, t. I, p. LXXVIII, et 254 II ; t. , p. 485, et surtout au t. III.

gande impossible, — perdue au dedans, brisant les cœurs, dégradant les caractères, couchant une litière d'hommes sous le triomphe de César.

Nous étions dans ces pensées, Quinet et moi, lorsque la Révolution de la Suisse s'accomplit, heureuse révolution, sage, clémente. Néanmoins, à la première apparition de ce grand événement, inquiets sur ce cher trésor de la liberté reconquise par nos frères de l'Helvétie, nous nous hasardâmes de mêler à nos félicitations une observation personnelle :

A MESSIEURS LES MEMBRES DE LA DIÈTE HELVÉTIQUE.

Daignez agréer les félicitations et les vœux de deux hommes qui ont, les premiers, combattu dans leur pays l'ennemi que vous venez de chasser du vôtre.

Personne n'est plus que nous heureux de cette victoire, glorieux de cette modération.

Vous avez consolé la France.

Pères, ancêtres et maîtres de la liberté républicaine, du gouvernement de l'avenir, continuez d'en donner au monde la véritable tradition.

Tandis que la Calabre, la Pologne, toute la terre fume du sang de nos martyrs, des martyrs de la Liberté, — là où elle règne et triomphe, point de sang, point de violence ; la paix dans la force. — Que tous voient, reconnaissent à ce spectacle où est la cause de Dieu !

Que nos ennemis, dans la conscience de leur faiblesse réelle, de leur imminente ruine, soient furieux, barbares, cela se comprend ; mais, nous, le monde, l'avenir, est notre héritage certain. La dispute, la guerre même, vous l'avez montré, ne trouble point notre cœur.

Puissiez-vous persévérer ! rester au-dessus du combat, au-dessus de la victoire ! fonder, par ce grand exemple, un nouveau droit pour l'Europe ! dater, du triomphe de vous sur vous-mêmes, une ère magnanime....

Vous avez des ressentiments légitimes, et vous les étoufferez. Ceux d'entre vous qui ont le plus souffert prendront un glorieux privilége, l'initiative de l'oubli.

S'il nous était permis, à nous, vos admirateurs, à nous qui combattions de cœur avec vous, de vous dire un mot de nous-mêmes, nous dirions qu'occupés tous deux d'écrire les révolutions de la France et de l'Italie, nous avons tiré de cette étude une instruction commune : La Terreur nous apparaît comme un escalier rapide où l'on ne descend pas une première marche qu'on ne les descende toutes, et la dernière est l'abîme...., Au nom de la Fraternité, ne descendez pas la première.

Si quelque réaction particulière éclatait, le Conseil souverain, si sage dans l'emploi de la force, montrerait la même prudence à en limiter l'abus. L'unité nationale que vous cherchez et voulez serait compromise, autant que l'humanité, par toute violence partielle. Constituez, hommes de la Suisse, votre unité par la clémence[1].

MICHELET, QUINET.

11 décembre 1847.

---

[1] Un hasard singulier voulut que, dans la même semaine, nous défendissions également nos amis et nos ennemis, nos ennemis du parti rétrograde auprès de la Diète Helvétique, nos amis les Polonais auprès du roi de Prusse. Le 6 décembre 1847, les journaux nous apprirent la condamnation à mort de Mierolawski et autres chefs de l'insurrection.

Cette lettre était bien inutile. La Suisse, tant calomniée par nos aristocrates, se montra aussi humaine qu'elle avait été grande et forte. Noble caractère de ce temps! La magnanimité dans la force, la douceur dans la victoire!... Comme la France l'a fait éclater, dans les actes et dans les paroles! Le premier mot de la nouvelle révolution fut celui de la clémence, un engagement d'humanité pour le présent et l'avenir.

Le même jour, surmontant la répugnance naturelle que nous éprouvions à nous adresser à un souverain étranger, nous écrivîmes au roi de Prusse la lettre suivante. Quelque désir que nous eussions de réussir, nous ne croyons pas avoir tenu un langage indigne de la France :

Sire,

Si la France pouvait parler, elle réclamerait comme Français les Polonais que les tribunaux de la Prusse viennent de condamner. Élevés chez nous, par nous, ils lui appartiennent.

Ils ont voulu se défendre dans leur langue naturelle, dans la langue française.

De quelque point de vue que V. M. juge leurs principes, elle ne peut se dissimuler deux choses: 1º Ils n'ont point conspiré contre la Prusse; 2º les droits de la défense ont été gênés, violés. Ces deux circonstances entachent le jugement de la manière la plus grave.

V. M. placée à l'avant-garde de l'Occident, menacée la première par l'invasion barbare, ne peut être indifférente au profond et cruel effet qu'un tel acte aurait sur l'Europe.

La France et l'Allemagne, étouffées entre deux géants dont l'un tient la mer, l'autre la terre, n'ont nulle meilleure garantie dans l'avenir que leur union. Ce serait pour le monde une calamité qu'il y eût du sang entre l'Allemagne et la France.

Elle a tout d'abord proclamé *l'inviolabilité de la vie humaine.*

Comment s'étonner, si, dans ce moment, tous les cœurs de tous les peuples battent pour la France! — Ah! qui donc, pour peu qu'il soit homme, pourrait ne pas t'adorer?.... Tu t'es interdit les conquêtes. Mais en même temps, dans ta sublime initiative, tu as parlé comme reine et législatrice du monde, et tu seras obéie...

Tout est miracle en cette chose. Elle reste à l'état de miracle, sublime, obscure à force de lumière. On est revenu à peine du premier éblouissement.

La grande gloire, voici qui est sûr, est au peuple, aux travailleurs, qui n'ont compté ni calculé, qui ont cru, agi; seul, le peuple a eu la foi.

Seul, sans armes, sans autre force qu'un profond sentiment du droit, n'ayant rien que sa poitrine à mettre devant les balles, il ne songe pas qu'il peut être si aisément foudroyé aujourd'hui, affamé demain... Il étonne, il émeut l'armée, il combat, il négocie... J'ai moi-même admiré sur nos places cette noble et habile cordialité des braves faisant appel aux braves. J'ai vu des hommes misérables, et presque sans pain, qui donnaient du pain à manger aux chevaux des cuirassiers. Ces chevaux, dès ce moment, devenaient incapables de charger.

Et pourtant, qui pouvait dire, au commencement, ce que l'armée allait faire? C'est l'immortel honneur du peuple de Paris d'avoir eu foi en elle, d'avoir cru qu'elle ne ferait rien. Soigneusement isolée du peuple, entourée, épiée d'une vaste police militaire, tenue loin de la France dans les guerres barbares d'Afrique, un cœur vulgaire aurait cru qu'elle nous serait ennemie.—Eh! bien, elle voit des Français, et se trouve toute française, elle met sous ses pieds la vanité militaire; de ses armes, elle arme le peuple, et mérite l'insigne éloge que les imprimeurs sur étoffe lui donnent dans leur adresse : « Si nous sommes encore de ce monde, nous le devons aux soldats. »

Voici qui ne surprend pas moins. La bourgeoisie, investie du monopole électoral, agit, six mois durant, dans les banquets politiques, pour perdre ce monopole. Elle s'arme au nom de la Réforme, c'est-à-dire pour abdiquer, pour communiquer son privilége d'électeur. Elle se rallie au peuple (comme dit si bien G. Sand dans sa belle lettre), elle couvre le peuple encore désarmé, reçoit la cavalerie qui le charge, au bout de ses baïonnettes. Qu'on se souvienne à jamais de l'héroïque humanité du vaillant garde national (Lesserré), qui alla, à travers les balles, prier le poste du Palais-Royal de se laisser sauver, qui, après une décharge à bout portant, n'étant pas blessé encore, persévéra sans bouger, et ne cessa de leur offrir la vie que lorsqu'une balle le jeta par terre.

Il faudrait parler ici du rôle admirable des Écoles. Mais j'en parle au long tout-à-l'heure (p. xxi).

Répétons-le, tout fut miracle. Et la surprise est moindre encore de voir le coup de théâtre, le changement à vue qui plonge au néant la plus grande puissance du monde, que de voir au fond des cœurs ces abîmes d'héroïsme et de magnanimité qu'on n'eût soupçonnés jamais. Grande est la disparition. Mais plus grande l'apparition. Un élément nouveau se révèle, un monde, une âme nouvelle.

Ame héroïque, sublime, qu'elle nous reste, grand Dieu! qu'elle ne se dissipe pas!

Combien nous en avons besoin, à l'entrée d'une carrière imprévue, inexplorée, pour la première fois maîtres de nous, majeurs, responsables de nos actes, et comme tels, appelés aux sacrifices, à l'énergie, mis en demeure de rester des héros,—ou de n'être rien.

Rien de médiocre sous la République. La grandeur est sa nature. Au-dessous, elle n'est point.

Il ne faut plus dire : « Je ferai ce que la situation commande, je ferai *assez* »... Non : « Je ferai *davantage*. »

Assez est plein de tristesse, d'ennui, de difficulté. *Davantage et trop*, sont gais et faciles. Pourquoi? Celui qui fait *trop*, est récompensé par le cœur, porté par la passion. Le premier marche, se traîne, sent tous les obstacles. L'autre va sur de grandes ailes, se pose de montagne en montagne, regarde en face le soleil...

Soleil de Dieu, donnez-nous donc une grande, une nouvelle lumière, donnez-nous, pour une situation si nouvelle, une flamme inouïe de fraternité.... Que je voye chacun (ce sera votre signe) inquiet des autres, et moins de soi, défenseur ardent du voisin et de l'intérêt contraire.

Que je voye, par exemple, dans nos touchants essais de réforme sociale, l'ouvrier plaider pour le paysan, celui-ci pour l'ouvrier... Que je les voye l'un et l'autre, les deux hommes courageux et forts, réclamer pour la faible femme, qui ne peut pas menacer, et n'agit que par les larmes...

Et vous, jeunes gens, pour tous!—Vous, les miens, que j'appelai, cette année même, à la plus grande mission qu'on ait offerte à des hommes, au sacerdoce nouveau de la pacification; vous, aimés, acceptés de tous, agrandissez-vous le cœur, tant que tous y soient contenus... Je le disais, et cela s'est vérifié, tous, riches et pauvres, bourgeoisie, et peuple, tous, en vous, ont vu leurs enfants. Et tous vous écouteront, et il n'y aura pas de dispute parce que vous serez entre eux... Et la France restera grande comme elle est, n'étant pas divisée, une et grande comme le monde, et la tête dans le ciel!

1ᵉʳ avril 1848.

Le 6 mars, nous eûmes le bonheur, Quinet et moi, de rentrer dans nos chaires par la République et la Révolution, par la victoire du peuple, des écoles, de la France. Pour cette fête de famille (la famille était nombreuse), nous fûmes obligés d'emprunter à la Sorbonne sa grande salle, la plus vaste de Paris. Nous avions dans la chaire fait placer trois siéges, dont l'un était destiné à Mickiewicz, absent malheureusement. Il est allé voir des révolutions en Italie, ne se doutant pas que pour en voir une belle, il n'avait qu'à rester chez lui; chez lui, je veux dire en France.

Suspendu depuis deux mois seulement, ayant à peine quitté mes auditeurs, je me contentai de quelques paroles. Et Quinet fit l'admirable discours qu'on a lu dans les journaux, la plus belle chose, à coup sûr, qu'ait inspirée la Révolution.

Voici mon allocution :

Ce n'est pas une leçon, c'est un salut fraternel, c'est une fédération. Nous venons serrer la main aux écoles, et tous ensemble saluer la République... Ce gouvernement de l'avenir, comme nous disions naguère, le voici donc, nous le tenons... Ah! nous ne le lâcherons pas.

La République, le gouvernement de la raison par la raison, le règne de l'esprit, la victoire de l'âme. C'est l'âme qui a vaincu !

Et qui a été vaincu? la matière, la force brutale.

Rappelez-vous cette chose si récente et déjà ancienne, rappelez-vous ce règne de la matière, de l'argent, de la force, qu'on eût cru indestructible.

Pouvoir énorme, appuyé sur 1,500 millions annuels, sur une admirable armée de trois cent mille hommes, les plus aguerris du monde, serrant Paris d'une monstrueuse Babel, d'un cercle de fer et de feu. Qu'est-ce auprès de ces murailles que les fabuleuses enceintes de Babylone et de Ninive !...

Mais le centre, le cœur de ce grand pouvoir, où était-il?... Et y avait-il un cœur?... Rien que vide et corruption. Et cette corruption crevant par abcès, révélée au jour, convaincue... Pour toute justification, ils riaient, bravaient le ciel!...

Nuls de cœur, ils se croyaient forts de la division des nôtres. Ils disaient : Il y a trois choses, le peuple, l'armée, la garde nationale... Eh! non, il n'y en avait qu'une, on l'a vu le jour du combat: l'union contre la royauté, la fraternité de la France.

Jamais je n'en avais douté. Je l'avais proclamé toujours. Toujours j'avais dit que le principal organe de cette fraternité seraient les écoles. Des écoles est partie la première étincelle. Le premier signe de cette victoire de l'âme, c'est votre manifestation pour le Collége de France, votre réclamation pour les libertés de l'esprit.

Vous avez apparu entre la garde nationale (où sont vos pères et vos frères), le peuple et l'armée. Ce rôle de médiateurs et d'interprètes doit vous appartenir encore dans l'acte solennel où la France, cinquante ans muette, va parler pour la première fois. Quel moment, et combien peu préparé!... Que d'obscurité, d'incertitudes, de malentendus!... Combien vous êtes nécessaires, vous, jeunes, expansifs, non suspects, hors des intérêts personnels, purs et généreux missionnaires de la liberté!

Voulez-vous que tous vous croient, que tous écoutent vos paroles?... Autorisez-les par vos actes, donnez un exemple nouveau, celui du désintéressement, élevez les mœurs nationales à la hauteur de la République, cherchez les fonctions gratuites, fuyez les emplois lucratifs ; pour ceux-ci, tranquillisez-vous, il se trouvera toujours assez d'hommes pour s'y dévouer.

Nous entrons dans la voie sublime, la voie de l'honneur, celle du sacrifice. Que chacun tout d'abord fasse en soi le sacrifice total, et dès-lors, il ira léger, le cœur gai, sans inquiétude.

Le but est grand.

La France est chargée de donner la paix au monde, la seule paix qui soit durable, celle de la liberté. A quel prix? il n'importe point. Nous devons tout à une telle chose, tout, y compris notre sang.

Redoutable en ce moment à toute la terre, qu'elle siége entre les nations, comme médiateur armé, qui n'impose pas un silence de terreur au monde; au contraire, qui rende la voix à toutes les nations muettes.

La France ne peut pas s'abstenir. Elle ne voit rien au monde qu'elle puisse appeler étranger. Elle se retrouve et se reconnaît, comme pensée et tradition, chez les nations lointaines... Et elles, elles la regardent, et s'y reconnaissent toutes. Entre elles, une seule différence : les unes parlent, et crient: A nous! les autres pleurent, et ce sont elles qui ne peuvent parler encore, dont l'appel est le plus ardent... Non, il faut l'unité du monde, il n'y a pas à s'en dédire, unité libre, unité sainte, unité d'âme et de cœur.

Quel signe de cette unité, que ce fauteuil resté vide!... C'est celui de la Pologne, celui de notre cher et grand Mickiewicz, le poëte national de cinquante millions d'hommes, celui dont la parole semblait une alliance du monde, une fédération de l'Orient et de l'Occident, qui, du Collége de France, s'entendait jusqu'à l'Asie.

Ce fauteuil est celui de la Pologne.

Mais, la Pologne, qu'est-ce que c'est?

Le représentant le plus général des souffrances universelles. En elle, je vois le peuple souffrant.

C'est l'Irlande, et la famine. C'est l'Allemagne, et la censure, la tyrannie de la pensée sur le peuple penseur entre tous. C'est l'Italie, Messieurs, en ce moment suspendue entre la vie et la mort, comme cette âme du Jugement dernier de Michel-Ange... La mort et la barbarie la tirent en bas. Mais la France la tire en haut... Elle est sauvée dès ce jour... et que personne n'y touche!

Oui, Messieurs, tous les drapeaux de l'Europe, je les vois flotter sur ce siége. J'y vois dix nations en pleurs, qui sortent de leurs tombeaux.

Leur âme, leur souffle, sont ici... Leurs drapeaux sont invisibles. Ils apparaîtront bientôt. Il faut, à cela, une autre enceinte, bien autrement haute et vaste, le champ de la Fédération, et toute la voûte du ciel. Puissions-nous, aux jours solennels où la France appellera ses enfants à fraterniser, puissions-nous y voir aussi toutes ces nations amies, mêlant si bien leurs rangs aux nôtres, que tous semblent concitoyens, qu'on ne puisse, cherchant dans la foule, distinguer un seul étranger, et qu'un moment du moins, l'humanité ravie se dise : « Je savais bien que j'étais une, et qu'il n'y a qu'un peuple au monde ! »

Dans la situation si grave où est la France, au milieu d'une révolution peu prévue et mal préparée, elle me semble risquer fort de naviguer vers les écueils, si elle n'est immédiatement éclairée sur sa première révolution, qu'elle croit connaître et qu'elle ignore. Mon histoire, heureusement fort avancée (le troisième volume paraîtra bientôt), est pour moi une fonction sacrée, qu'aucune autre ne me fera quitter. J'ai refusé même, par la lettre suivante, de participer aux travaux de la commission chargée d'examiner les modifications que subirait l'enseignement :

Monsieur le Ministre,

Un travail d'urgence, qui m'absorbe tout entier, ne me permet point d'accepter les honorables fonctions auxquelles vous voulez bien m'appeler.

Ce travail, c'est celui que depuis longtemps j'avais commencé, mais qui, dans nos circonstances nouvelles, se trouve être, j'ose le dire, le premier besoin moral du temps, le plus impérieux.

La France, enfin majeure, est appelée à l'action; et elle ne se connaît pas elle-même. Elle va agir, et elle ne peut consulter, avec certitude, son expérience antérieure. Elle entre dans l'inconnu d'une révolution nouvelle, sans avoir encore une histoire de sa première révolution, une histoire positive, fondée sur les actes authentiques.

Plusieurs parties de cette histoire ont été traitées, il est vrai, par d'éminents écrivains, plusieurs époques reproduites dans leurs formes pittoresques ou dramatiques. Moi-même j'ai déjà raconté l'histoire de l'admirable année qui, de juillet 89 à juillet 90, vit le grand mouvement des Fédérations, l'inauguration prophétique de la Fraternité à venir. Plus d'un s'en est souvenu hier, si j'en crois mes jeunes amis, au moment sublime où vainquit la Fraternité, où le combat commencé devint une Fédération, où trois frères qu'on voulait mettre aux mains (peuple, armée, garde nationale), se sont embrassés.

Ainsi, plusieurs parties de la Révolution sont connues, et l'ensemble est inconnu. La génération des événements reste encore obscure. Les actes qui la révéleraient, dorment au fond de nos dépôts publics. Tout le monde parle de la Révolution, et des faits immenses, qui en donneraient le caractère intime, sont parfaitement ignorés. Qu'on en juge par celui dont je viens de parler. Ce fait capital, et par l'importance, et par la durée, cet acte primitif de la Fraternité nationale, où était-il, avant que nous l'exhumassions? Dans la poudre des archives, dans la bouche et le cœur du peuple.

Mais, il ne suffit pas que de telles choses soient dans la tradition ; elles n'ont pas leur influence, tant qu'elles ne sont pas formulées. Elles flottent dans le souvenir et le sentiment populaire ; elles agissent peu, faiblement; elles ne fournissent point de règles, de principes de conduite.

La foi politique de la France qui doit déterminer ses actes et ses paroles, sa politique et son enseignement, ne doit pas rester à l'état de sentiment ou de vague spéculation ; il faut lui donner la base de l'histoire et de l'expérience.

Voici la France réveillée, debout; qu'est-ce qu'elle va enseigner à ses enfants, à son peuple héroïque, au monde qui fait cercle autour d'elle?... Est-ce la rhétorique? est-ce l'arithmétique? est-ce le mécanisme gouvernemental, la politique abstraite, à la Sieyès?... Non, elle doit, avant tout, fixer et promulguer les principes qui constitueront notre moralité civique, le dogme de la République, le *Credo* de la patrie. Elle doit enseigner deux choses qui n'en font qu'une, et qui sont le cœur de la France : *La foi de la Révolution*, et la même foi en pratique, *l'histoire de la Révolution*.

Pour l'enseigner, il faut la faire.

Ne laissons pas la foi nouvelle dans les abstractions, dont la logique tire tout ce qu'elle veut, *oui* aujourd'hui et *non* demain. Il faut, au nom des faits, en vertu des réalités, fonder la République dans les esprits, et qu'enfin ce soit sans retour. Que tous, sur cette autorité, s'affermissent dans l'idée que le gouvernement républicain (qui n'est autre que celui de la raison publique) est le seul gouvernement d'hommes. L'histoire et l'expérience, élevant une infranchissable barrière, fermeront derrière eux le passé, les empêcheront de retomber aux doctrines enfantines et grossières qui personnifiaient le droit dans un individu, aux vaines croyances d'incarnations royales ou divines qui ont signalé si longtemps l'infirmité de l'esprit humain.

La République va couvrir toute la terre, mais ce n'est pas assez. Il faut qu'elle soit enracinée dans la terre. Il faut lui creuser de profonds, de solides fondements... Puis, laissons souffler les tempêtes.

Je creuserai. Je serai, dans la mesure de ma faiblesse, l'ouvrier de cette œuvre. Je la crois essentielle entre toutes, immédiatement nécessaire, et je n'en vois aucune qui doive précéder. Plût au ciel qu'elle fût plus avancée, dans un tel besoin de la France, obligée d'agir tout-à-coup, demandant des lumières, des conseils au passé, que personne ne sait bien encore !

La mission que je prends pour moi n'est point celle du solitaire, ni de l'égoïste. Elle me met au fort des disputes. Nulle autre peut-être n'exigerait une raison plus ferme, plus indépendante, au-dessus des craintes et des intérêts. Les partis, les minorités, vont à l'envi tirer l'histoire à eux, se l'arracher sans pitié, comme dans un combat on se dispute un cadavre. Pour nous, elle est vivante; telle nous voulons la maintenir, la sauver, pour que, vive et vraie, elle vivifie la France et le monde.

Et alors, le symbole de la foi nouvelle, émané de l'histoire, ne serait pas la création artificielle d'une aride abstraction, de la fantaisie des faiseurs de systèmes, ni du hasard des partis; il sortirait de la bouche irréprochable du passé, il ne serait autre chose que la voix même des faits, le témoignage austère et pur que donnerait la France à la France de l'idée qu'elle poursuivit à travers tant d'événements.

Qu'il nous soit permis, monsieur le Ministre, de rester là où nous place le devoir, au foyer de la Patrie, entre son histoire accomplie que nous lui restituons, et son histoire à venir, que la première éclairera. Cette place n'est pas la moins dangereuse. Elle est désintéressée, et exclut toutes les autres. En ce dernier point, tout au moins, nous en serons dignes.

Puisse-t elle, en récompense, nous grandir le cœur, et nous donner de remplir les trois conditions qu'impose un tel sacerdoce : Ne rien désirer, ne rien craindre, et ne point haïr.

Veuillez, monsieur le Ministre, recevoir mon hommage fraternel.

J. Michelet.

Des deux lettres qui suivent, l'une a été écrite pour des condamnés politiques qui ne l'avaient point demandée, mais dont je voyais avec douleur l'honorable misère. L'autre avait pour but l'abolition des règlements vexatoires auxquels étaient soumis les réfugiés. Cette dernière lettre nous fut demandée par notre illustre ami, Mickiewicz, alors à Rome.

A MESSIEURS LES MEMBRES DU GOUVERNEMENT PROVISOIRE.

Messieurs,

Personne n'a plus de confiance que celui qui écrit

ceci, dans les hommes éminents qui ont pris la charge immense de veiller sur la France au moment où elle se recueille pour parler enfin, et se gouverner elle-même.

Cependant, l'accablement des affaires, le vertige des nécessités du jour qui se pressent l'une sur l'autre, peut dérober quelque chose à leur haute prévoyance. Pourquoi un Français, un citoyen quelconque, n'élèverait-il pas la voix pour attirer leur attention sur un objet sacré?

Je m'inquiète, messieurs, du sort actuel des deux mille condamnés politiques.

Ils se reposent sur la France. Ils souffrent, languissent; beaucoup mourraient sans se plaindre. Nous devons nous plaindre pour eux.

Je ne connais point ces hommes héroïques, autrement que par la notoriété de leurs souffrances, autrement que par leurs actes, qui sont consacrés dans l'histoire. Mais, il faudrait désespérer de la justice et de la reconnaissance en ce monde, si nous pouvions oublier ceux qui, nous devançant dans la foi, espérant contre l'espérance, ont tiré l'épée pour la République, si longtemps avant le jour où nous l'avons obtenue.

Nul doute qu'ils ne soient bientôt placés selon leur mérite. En attendant, ne pourrait-on donner à ces vétérans de la République une solde d'honneur qui leur permît de faire face aux besoins de leur famille, et les assurât que la France ne peut jamais les oublier?

Michelet.

12 mars 1848.

Notre France délivrée porte encore plus d'une souillure des temps de la captivité. La plus honteuse est celle des lois barbares, inhospitalières, contre les réfugiés, lois absurdes et contradictoires qui invitaient pour repousser, recevaient pour outrager, qui soumettaient tant d'hommes héroïques aux caprices, aux haines, aux peurs d'un homme de police.

Que dira la France à ces exilés, pour se laver des affronts qu'on leur infligea en son nom? Une seule chose : c'est qu'alors elle était, tout autant qu'eux, opprimée, absente et comme exilée d'elle-même.

Elle rentre aujourd'hui chez elle, elle retrouve son foyer, et ce n'est pas pour elle seule. Asseyez-vous, amis, c'est le foyer de la France, et par conséquent le vôtre, vous pouvez vous y fier. Polonais, Italiens, Allemands, Espagnols ; les uns, ses frères d'armes au temps des victoires ; les autres, ses glorieux complices dans les luttes de la liberté, elle vous le dit : « Asseyez-vous, vous êtes ici chez vous, ici, c'est votre maison ! »

« Et comment, dit-elle encore, distinguerais-je entre vous et les Français ?... Je ne distinguerais pas plus que je ne le pouvais aux jours des batailles, quand vous marchiez mêlés aux miens. Et sur ces champs de morts où nos ossements confondus ont blanchi ensemble, comment dirais-je : Ceci est de la Pologne, et ceci est de la France ?... Non, parmi les vivants, ni parmi les morts, il n'y aura pas distinction jusqu'au jour du Jugement... Et là même, au grand appel, quand on appellera la France, la Pologne se lèvera. »

Allons donc tous confondus dans cette victoire de la liberté. Tous ensemble, s'il le faut encore, par une guerre suprême, nous fonderons la paix au monde.

Maudites soient ces lois de haine qu'on avait mises entre nous! L'Assemblée nationale va les effacer bientôt. Nul doute qu'en attendant, le Gouvernement provisoire n'en suspende l'action, et ne donne satisfaction à l'honneur national qu'elles ont trop longtemps outragé.

Michelet, Quinet.

26 mars 1848.

A M. le directeur de la Réforme, sur l'*Association européenne en faveur des Polonais, sous la présidence d'un Français et d'un Allemand:*

Je m'unis de cœur aux sentiments exprimés dans votre journal par M. Martin (de Strasbourg).

Oui, c'est nous, ce sont les peuples, qui devons donner l'élan de la croisade. Les gouvernements suivront.

Toute autre question est secondaire en présence de celle-ci. *Les autres doivent être résolues par rapport à la question suprême.* Il faut fermer l'Europe aux barbares [1].

Beau et solennel moment ! La France et l'Allemagne vont pour jamais se donner la main ! C'est une belle et noble idée que celle d'une association pour la Pologne, *sous la présidence d'un Français et d'un Allemand.*

Je vous serre la main cordialement.—Recevez ma souscription.

J. MICHELET.

3 avril 1848.

---

[1] Je n'applique pas ce nom indistinctement aux nations dont se compose l'empire russe. Loin de là, j'ai l'espoir que plusieurs de ces nations fraterniseront avec nous et entreront dans la grande famille européenne.

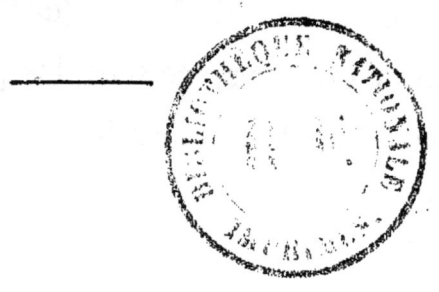

COURS
DE
M. MICHELET
AU COLLÈGE DE FRANCE.

1847—1848

Jusqu'ici, M. Michelet s'est constamment refusé à publier ses cours. Dans une seule occasion, en 1843, la nécessité de la polémique l'a décidé à imprimer quelques leçons.

Il a bien souvent dit lui-même : « *La parole est la parole, laissons-la ce qu'elle est de sa nature, la parole ailée, comme dit Homère. Elle perd trop, si vous lui coupez les ailes.* »

Un cours, en effet, une série de leçons improvisées, ce n'est nullement une œuvre littéraire. Le procédé est dif-

férent, contraire sous quelques rapports. Un livre, avant tout, doit être un, fondu d'un jet, sans suture ; les chapitres n'y doivent être que des divisions apparentes qui divisent seulement la fatigue du lecteur. Un cours, dont les leçons se succèdent avec intervalle, doit, dans chaque leçon, contenter l'esprit ; il faut que chacune présente une certaine unité, subordonnée, il est vrai, à l'unité générale. Les répétitions, qui sont généralement des défauts dans un livre, sont dans un cours une nécessité, souvent un mérite.

Tout ceci est vrai particulièrement des cours de M. Michelet, qui (dans la forme du moins) sont des conversations avec le public. Public, il est vrai, assidu, très-cultivé, très-préparé, dont une partie considérable est, depuis plusieurs années, fidèle au même enseignement. Celui qui parle, ceux qui écoutent, se connaissent parfaitement et s'entendent beaucoup plus vite que ne feraient des personnes réunies pour la première fois. Si le professeur répète et développe parfois pour un auditeur qu'il voit suivre avec peine ses déductions, le plus souvent il abrège, supprime même, par respect pour un tel auditoire ; beaucoup de choses, et importantes, sont dites du geste et des yeux.

Ce caractère particulier de l'enseignement de M. Michelet le rend peu propre à sortir de l'enceinte où il est donné.

Il n'a pas fallu moins que le très-grave état moral de l'année 1847, l'état flottant et maladif où l'on voit beaucoup d'esprits, pour décider le professeur à s'écarter de la règle qu'il s'était faite, et publier ces leçons.

Consacrées aux espérances de l'avenir auquel nous nous rattachons, elles relèveront peut-être quelques âmes. Elles associeront, dans ces temps de défaillance, le professeur et le public, d'une manière plus fixe, plus intime, plus fortifiante, que ne pourrait le faire une parole trop vite oubliée. Peut-être enfin (la moindre flamme peut communiquer l'étincelle), peut-être éveilleront-elles du sein profond de ce peuple, dans quelque province éloignée, dans quelque retraite inconnue, le cœur puissant, la force solitaire, qui enlèvera un matin le vieux monde d'un souffle de Dieu.

18 décembre 1847.

PREMIÈRE LEÇON.

16 Décembre 1847.

Profonde division sociale entre les lettrés et les illettrés.— La littérature de ce temps est-elle populaire? — Qui doit commencer le mouvement d'union. — Nous nous exagérons l'unité nationale.— Dans quelles limites agit la Presse.— Dans quelles limites agit le théâtre. — L'influence du théâtre a-t-elle été nationale? — Contraste du théâtre antique. — De la rénovation sociale. —Quel en sera le premier agent, le médiateur?

Messieurs,

Quoique je sois indisposé, j'ai voulu commencer mon cours. Je savais, je sentais qu'après l'étrange année qui vient de s'écouler, de graves et tristes problèmes s'agitaient dans votre esprit. Après ces scandales, ce Waterloo moral (qui toutefois est celui de quelques-uns), j'assistais à vos pensées, j'entendais vos discussions muettes. J'ai voulu y prendre part. Je sentais que, si j'étais malade, dans ce temps peut-être je n'étais pas un des plus malades, et que je devais parler.

Cette santé variable, loin de m'éloigner de cette chaire, m'avertissait au contraire, me sommait d'y remonter. Combien de temps enseignerai-je encore? je ne puis le dire. Une santé chancelante, qu'est-ce, sinon un avertissement, une voix de la nature? J'oublierais peut-être, sans elle, dans cette production rapide, qu'en vingt années, de 1827 à 1847, j'ai donné vingt volumes et vingt cours différents de ces volumes. J'ai produit beaucoup, beaucoup trop.

Donc, je dois songer, Messieurs. — Donc, tout en achevant mes livres, je dois, dans ce cours, vous associer plus intimement à ma vie intérieure, vous communiquer de plus en plus mes moyens, mes procédés, mes méthodes, si j'en avais qui me fussent propres. Ce n'est pas ici un artiste qui cache ses moyens et montre ses résultats. Loin de nous ces vaniteuses faiblesses. Ici, c'est un homme qui donne ce qu'il a d'humain à des hommes qui le continueront en le rectifiant, en l'agrandissant; un homme qui, naïvement, marque sa limite, enseigne sa propre critique, dit ce qui lui manque aujourd'hui, — ce que vous ferez demain, Messieurs, vous, mieux préparés, plus libres d'esprit, instruits par nos fautes même, affranchis des fatalités intérieures, extérieures, qui ont pesé sur les hommes de notre âge.

La principale de ces fatalités intellectuelles et morales, je la sentais confusément. Une personne inconnue me l'a formulée. Une dame qui ne suit pas mes cours, que je ne connais pas, et que je n'ai pas revue, me fit l'honneur, l'été dernier, de venir me voir. Cette dame, d'un nom très-révolutionnaire, d'une souche très-énergique, me fit tout à-la-fois l'éloge et la critique de mes livres ; elle me dit : « Vos livres, écrits évidemment dans les intérêts populaires, sont-ils pourtant des livres populaires ? Et pour dire simplement la chose, faites-vous assez pour le peuple...? » A une question aussi grave, Messieurs, je donnai la réponse, non pas la meilleure, mais la plus facile ; je dis que je n'avais pas plusieurs langues, que je me servais de l'unique langue que je possédasse ; que cette langue était peut-être malheureusement trop abstraite, mais qu'il n'était pas facile d'en changer; que les livres populaires sont une chose infiniment rare ; que la Révolution française, si puissante, si féconde, n'avait pu cependant produire un seul livre populaire ; que nous, nous avions rencontré des circonstances fâcheuses, difficiles, que nous avions supporté, je parle des gens qui sont nés à peu près avec le siècle, comme moi, supporté les quinze années muettes de l'Empire, les quinze années bâtardes de la Restauration, et enfin, pour nous achever, les quinze années de *l'art pour l'art* (Bravos) ; que moi j'avais eu, grâce à Dieu, un excellent point de départ, il est vrai, que j'étais parti de ce mot profond de Vico : *L'humanité fait l'humanité, le peuple fait le peuple;* que vingt ans d'études après cette première étude m'avaient amené, en effet, à une idée plus nette, plus forte, plus pénétrante peut-être, dans mon petit livre du Peuple ; que cependant je sentais bien que ce n'était pas là un livre populaire, que je n'en avais pas fait de tel, que vraisemblablement ce serait la tâche, la grandeur, la gloire de la génération qui nous succède.

L'objection de la dame n'était pas nouvelle pour moi. Sous une forme moins précise, je me l'étais souvent adressée... Et vous-mêmes, Messieurs, cette pensée ne vous est-elle jamais venue? ne vous a-t-elle jamais troublés? ne vous êtes-vous jamais dit : « Faisons-nous assez pour le peuple ? »

Médiocrement satisfait de la réponse que j'avais faite, j'allai, tout rêveur, voir un homme de génie que je consulte comme ma conscience, parce qu'il a au plus haut degré le sens populaire. — Je lui dis : « Est-ce que vous n'êtes pas frappé d'un si profond divorce social? est-ce que vous ne voyez pas ce mur, ces barrières, ces obstacles qui s'élèvent partout entre nous? est-ce que, du riche au pauvre, la porte est ouverte? la porte du pauvre est peut-être plus fermée, s'il est possible, que celle du riche ! Est-ce que nous pouvons rester dans ce divorce, dans cet isolement? est-ce une vie?... Est-ce que vous qui avez du génie, vous ne nous direz pas comment on renversera ces barrières, on rouvrira ces por-

tes, on rétablira le lien brisé entre les hommes?»
— Je lui représentai l'objection contre moi-même avec une tout autre force que la dame ne l'avait faite ; et cet homme, d'un sens à-la-fois profond et élevé, me dit : « Laissez-les faire ; pourquoi vous arrogez-vous le privilége aristocratique de vouloir éclairer le peuple? Laissez-les faire, ils trouveront leur lumière et ils arriveront, ils verront plus clair à la leur qu'ils ne pourraient voir à la vôtre. »

A quoi, Messieurs, je ne me rendis pas, quelque graves que soient pour moi les conseils d'un ami tellement supérieur.

Voici ce que je me disais, et voici ce que je vous présente : Les circonstances sont-elles les mêmes entre nous, privilégiés du loisir, du savoir, et les hommes de travail? ont-ils le temps d'étudier, de chercher? quand ils l'auraient, la fatigue n'est-elle pas un obstacle? a-t-on toute la liberté de ses facultés inventives, la vive et féconde alacrité de l'esprit, quand on revient las le soir, qu'on trouve le foyer froid, et, autour d'une table nue, des enfants souffreteux, malades?... La raison n'indique-t-elle pas que ceux qui ne sont point ainsi liés par la fatalité, dont les pieds ne sont point engagés dans des entraves, doivent marcher les premiers à la rencontre des autres?... Qui pourrait nier l'immense fatalité qui pèse encore sur la majorité des hommes? il faudrait ne pas entendre cette voix douloureuse qui part de tous les points du globe, et qui n'est pas tant encore la voix de la souffrance physique que celle de la pensée muette qui se cherche, qui veut, qui ne peut s'exprimer.

Je sais bien, et je le sais par expérience, ce que peut l'aiguillon de la pauvreté, je sais l'efficacité, et si j'ose dire, le bienfait du malheur pour fortifier les hommes. Mais encore faut-il qu'il y ait certaines circonstances de loisir. Il y aura toujours sur terre, quelles que soient nos espérances d'amélioration, il y aura toujours une fatalité du temps et du travail. C'est là la chose la plus dure à dire, la plus triste pour le cœur ; on voudrait être réfuté. Mais enfin, raisonnons dans cette hypothèse, et partons de l'idée que le devoir de l'invention est plus obligatoire pour l'homme de loisir que pour l'homme de travail.

Voyez, hommes cultivés, dans quelle situation vous êtes. Orientés dans le passé par l'histoire et pouvant en tirer pour l'avenir des inductions pratiques, vous êtes comme au centre des temps. Et vous l'êtes aussi pour les lieux, connaissant votre place sur le globe. D'autre part, vous avez des rapports plus faciles avec les classes diverses, ceux de la sympathie du moins, de la bienveillance. Vous êtes au centre de tout, au rayonnement des choses. Vous avez, on peut le dire en plusieurs sens, le dépôt de l'unité, et avec ce dépôt, le devoir de la fortifier, de l'étendre, de la fonder, cette unité du monde si peu avancée encore.

Messieurs, ne nous y trompons pas, ce qui nous empêche surtout d'avoir l'unité, c'est que nous croyons l'avoir. Nous avons spécialement, nous autres Français, là-dessus, une très-grave illusion. Ce qui nous la donne, c'est cette unité mécanique, administrative, ce cadre artificiel qu'on appelle la centralisation. Quel est l'écrivain de ce temps, je dois m'accuser moi-même, qui n'ait fait des hymnes, des odes, sur cette unité de la France? Dans ce que j'écrivais en 1833 sur les rapports de nos provinces, j'y croyais entendre une lyre, j'en écoutais la grande harmonie. Mais tout cela n'est encore qu'un commencement; nous sommes à l'aurore des choses, ne perdez jamais cela de vue.

Qui n'a cru, dans ce grand système de la centralisation administrative, politique, judiciaire, reconnaître quelque chose comme un gigantesque système nerveux dont toutes les fibres retentissent les unes aux autres, et viennent finalement retentir au centre. Sur toutes nos routes, dans les environs de Paris, vous les voyez ces fils électriques qui transmettent la pensée des Pyrénées jusqu'à Paris, et qui la renvoient à Brest, à Strasbourg, à Lille.

Est-ce tout, Messieurs?... Voyagez à cent lieues de Paris, vers Strasbourg, à cent lieues vers Rennes, à cent lieues vers Limoges, vous trouvez trois langues, chose grave, dans lesquelles langues on n'entend point vos lois, vos actes, vos arrêtés; toute cette unité administrative, dont vous êtes si charmés, on la ressent par la contrainte de la loi, on la subit plus qu'on ne la comprend. D'autre part, pour l'unité de droit dont nous sommes si fiers, que nous montrons aux peuples étrangers, il n'y a personne qui ne sache combien dans la pratique, la coutume, toujours vivace et tenace, trouve moyen d'éluder notre code civil, combien, en cela, comme en tout, la provincialité est indestructible jusqu'ici.

Ne nous targuons pas trop de cette unité de langue et de droit; elle est peut-être plus apparente que réelle. N'oublions pas une chose : l'unité n'est pas l'union. Il pourrait y avoir une unité dans ce pays bien plus parfaite encore, qu'elle ne supposerait pas l'union morale. Ce sont des acheminements, si vous voulez, mais notez bien que ces acheminements ne sont pas toujours certains. Quelquefois, au contraire, ce sont des empêchements. Ainsi, pour la Corse, si pure de vol, si souillée de meurtres, un code comme le nôtre, fait pour des mœurs si différentes, loin de la rattacher au pays, est une cause qui l'en éloigne. La Corse est l'exemple le plus excentrique. Mais, pour d'autres provinces même, plusieurs des institutions qui vous semblent des moyens d'unité sont des causes de répulsion.

Quel sera donc, Messieurs, le moyen de réaliser l'union morale? vous y avez tous répondu, c'est la communication de la pensée, c'est la Presse.

La Presse n'est-elle pas en effet l'intermédiaire universel? Quel spectacle, lorsque, de la poste, vous voyez partir, par milliers, ces journaux, ces représentants des opinions diverses, qui vont porter jusqu'aux plus lointaines frontières la tradition des partis, les voix de la polémique, harmonisées toutefois dans une certaine unité de langage et d'idées! Ce spectacle est grand le matin, à l'heure où les presses s'arrêtent, où les cheminées à vapeur cessent de fumer, où le papier sort rapide, où les feuilles vont s'éparpillant par toute la France. Qui ne croirait que c'est l'âme nationale qui va circuler ainsi par toutes les veines de ce grand corps?

Messieurs, de quelque manière que vous vouliez établir la statistique assez difficile de la Presse, il est impossible d'étendre, et c'est une supposition excessive en faveur de la presse quotidienne, d'étendre à plus de quinze cent mille le nombre de ceux qui lisent les journaux ; j'admets les facilités de communications, les abonnements communs. Eh bien ! nous sommes trente quatre millions d'hommes et davantage ! Voyez quelle partie minime de la population participe au bienfait de la presse ! Et ne croyez pas que ce soit la portion la moins énergique qui soit exclue de ce mouvement ; il y a des masses nombreuses, et relativement distinguées, dans l'armée, dans la marine, etc., qui n'ont aucune relation avec la presse quotidienne, qui n'en ont jamais entendu la voix.

Maintenant, est-ce le colportage qui agit sur les populations ? Vous savez, Messieurs, que le colportage répand deux sortes de choses, les unes nuisibles, profondément nuisibles, les publications obscènes ou superstitieuses ; les autres inutiles, d'une littérature extrêmement subtile, je dirai presque quintessenciée, répandues à vil prix chez les paysans. Châteaubriand, pour citer le plus illustre exemple, se vend dans les campagnes ; l'écrivain le plus travaillé, le plus tourmenté, le plus subtilement ingénieux, se trouve ainsi dans les mains des hommes les plus parfaitement incapables de le comprendre !

Messieurs, d'où vient le *statu quo* où la presse est restée depuis longtemps? La presse n'atteint pas le peuple.

Est-ce la faute de ceux qui remplissent les fonctions si difficiles du journalisme quotidien? Non, Messieurs, on ne peut les accuser. La presse poursuit une mission extrêmement utile, extrêmement grave et pénible, celle d'une censure continue sur les actes du pouvoir, et d'une discussion instructive sur les théories ; mais ces deux choses sont en général trop abstraites, trop subtiles, trop difficiles à suivre pour que les masses peu cultivées y prennent part. La presse quotidienne remplit une mission sacrée, mais le caractère essentiel de cette mission, c'est une discussion abstraite et subtile, qui lui ferme invinciblement le peuple.

Les journaux que l'on a entrepris pour les ouvriers de nos villes ont-ils étendu la sphère de la presse? D'abord, Messieurs, vous le savez, ces ouvriers sont une aristocratie; beaucoup d'entre eux sont des hommes très-cultivés, et ceux qui ne le sont pas ont une rapidité d'esprit surprenante. Rien n'est plus éloigné du peuple, du moins de la majorité du peuple. Les journaux d'ouvriers, tirés à petits nombres, n'ont pas considérablement étendu l'action de la presse.

Les feuilletons, les romans en feuilletons ont eu une influence réelle, bonne ou mauvaise, je ne l'examine pas ici. Il y avait une classe très-nombreuse de personnes qui ne lisaient point, les femmes, et qui ont lu. Regardez, cependant, Messieurs, le chiffre des abonnements a-t-il beaucoup augmenté?

Voilà une barrière bien forte qu'on croirait invincible! Quoi! la Presse, la puissance qui, plus qu'aucune autre, crée entre nous des rapports, des liens d'esprit, a donc de telles limites, qu'en descendant à une certaine profondeur dans l'océan du peuple, elle n'ait plus d'action!

Certainement, des publications importantes qui se font en haut, il transpire en bas quelque chose. Il est évident, par exemple, que quand Voltaire a eu l'immense succès que vous savez, son esprit a fini par pénétrer quelque peu dans les classes inférieures. Il faut en dire autant de Rousseau. Un souffle, une influence est parvenue de ces grands hommes à ceux même qui ne savaient le nom ni de l'un ni de l'autre. Mais, Messieurs, voici une chose grave, fâcheuse, désolante, que personne n'a dite : c'est que les intermédiaires sont, en général, des agents tellement médiocres, que ce qu'ils transmettent du haut au bas sont presque toujours les choses qui ne devraient pas être transmises, la partie la plus facile à transmettre, la dispute, la polémique, enfin la négation. Voilà ce qui se transmet au peuple, et ce dont cette masse saine et grave, qui demandait un aliment sain, solide, n'avait pas besoin. Ainsi d'où vient l'opinion, si universellement répandue, que Voltaire est un écrivain négatif ? Lorsqu'on ouvre ses livres, on le voit positif à chaque instant, sans cesse il propose des réformes dans les lois, dans les mœurs, dans l'économie politique, dans tout ; si on faisait dans Voltaire le compte de ce qui est positif, on serait étonné. Eh bien ! il n'a été généralement connu des masses que par son côté négatif.

Le roman ne s'est pas répandu seulement comme roman et en feuilleton, mais aussi il s'est mis en drame. A-t-il par là action sur le peuple? D'abord, si vous comptiez, en France, le nombre de personnes qui fréquentent le théâtre, vous trouveriez un chiffre minime, et ce chiffre porte uniquement sur ceux qui ont d'autres moyens de culture, et de meilleure culture, sur les riches, sur les bourgeois, sur les ouvriers cultivés, dont je parlais tout-à-l'heure.

Quelles mœurs y représente-t-on ? D'abord les mœurs de cour d'assises, qui, par une fausse énergie, saisissent l'attention des hommes, tandis que les héros en sont ordinairement aussi vulgaires que dépravés. On y présente aussi les mœurs de la corruption bourgeoise, ou bien encore des imitations très-infidèles du passé, auxquelles on met les dates du seizième ou du dix-septième siècle. Ce n'est pas que les hommes qui ont fait ces pièces ne soient souvent des gens d'un rare talent; mais ce sont des improvisateurs rapides, entièrement étrangers, indifférents à l'influence morale de leurs œuvres. Au reste, toutes les fois qu'ils n'estropieront, ne mutileront que le seizième siècle, je leur serai reconnaissant. Tout ce que je leur demande, Messieurs, tout ce que nous leur demandons, car là-dessus, sans vous consulter, je sens que nous sommes du même avis, ce serait d'éviter les sujets de la Révolution. (Applaudissements prolongés.)

Messieurs, nous connaissons tous le caractère de ces artistes; tel qu'on regarde, avec raison, comme le plus grand dramaturge de l'époque, n'a certainement pas eu l'intention d'avilir la Révolution. La pensée qu'on pourrait lui supposer peut-être, ce serait d'en montrer les faces les plus tristes, les excès, les violences, afin d'en prévenir le retour. Eh bien! si vous y regardez, vous verrez qu'on fait en ceci justement le contraire de ce que l'on veut faire; si on voulait fortifier le divorce social, si on voulait aigrir dans le cœur des hommes le sentiment de haine et de mépris aveugle que des classes pourraient avoir les unes pour les autres, ce serait précisément ainsi qu'il faudrait procéder.

Notez que tout ceci n'est pas contre un homme qui ne représente que trop le temps, — mais contre le temps, et nous nous accusons tous un peu, car nous sommes le temps.

Imaginez ce que c'est que d'amener en scène douze misérables, ivres, hurlant, etc., et de dire : Voilà le peuple ! voilà la Révolution ! (Applaudissements.)

On montre, on apporte un petit baquet d'eau sale, et l'on dit : Voilà l'Océan !

Comment, c'est là l'Océan ! comment, cet être puissant dont la respiration régulière, la voix solennelle, trouble si profondément les âmes, dont la lame phosphorescente roule une vitalité inconnue, l'Océan, ce creuset où la vie se compose et se décompose, cet élément rénovateur, réparateur, quoi ! c'est ceci ? dans ce verre ? dans cette tasse ?... Voilà ce qu'on pourrait dire. Et tout ce qu'on dit ici de l'Océan est tout aussi vrai du peuple.

Faible comparaison, encore, quand il s'agit d'un élément moral, du peuple de la Révolution, de cet océan d'héroïsme !...

Quand même vous pourriez, ce que vous ne pouvez nullement, reproduire les effets physiques de ces grandes scènes, comment renouveler sur vos planches l'éclair divin qui brilla dans tout ce peuple ?

Je ne puis m'empêcher de faire un triste retour de ce grand empire de France sur un petit peuple, le peuple d'Athènes. Où est ici la gravité, la sainteté du théâtre antique ?... Savez-vous bien qui occupait la scène, qui portait le drame au théâtre ? le plus vaillant soldat, Eschyle ; le vainqueur après la victoire venait la raconter lui-même. Et savez-vous qui jouait, quels étaient les acteurs ? c'étaient souvent les premiers magistrats ; quand il s'agissait de reproduire les héros ou les dieux, ils n'hésitaient pas à paraître sur la scène, regardant comme une fonction publique d'élever, d'agrandir l'âme du peuple. Et dans la circonstance la plus grave du monde, après Marathon, cette merveilleuse victoire de la civilisation sur la barbarie, lorsqu'Athènes voulut remercier les dieux de la patrie d'avoir sauvé la ville, les magistrats ne furent pas assez, personne ne parut assez digne ; on chercha dans tout le peuple, on trouva une créature virginale marquée du sceau des dieux, rayonnante de jeunesse, de beauté, de génie : ce fut le jeune Sophocle, qui fut chargé de paraître seul devant les dieux pour la ville d'Athènes. Il avait quinze ans alors, et de quinze ans à quatre-vingts, par une production non interrompue, dont rien dans nos écrivains modernes ne peut donner l'idée, il fit représenter cent drames, et fut pendant tout un siècle l'interprète du génie d'Athènes, et le médiateur entre les dieux et le peuple.

Voilà le théâtre, Messieurs.

Nul doute que le théâtre ne soit aussi dans l'avenir le plus puissant moyen de l'éducation, du rapprochement des hommes : c'est le meilleur espoir peut-être de rénovation nationale. Je parle d'un théâtre immensément populaire, d'un théâtre répondant à la pensée du peuple, qui circulerait dans les moindres villages.

Pour fonder ce théâtre, la première chose à faire c'est celle à laquelle les Grecs ne manquaient jamais. Dans le fond de la scène, présents sur leurs autels, étaient les dieux de la patrie. Voilà ce qui manque sur la nôtre, et ce qu'il y faut replacer. Ces dieux sont absents, cachés, voilés, défigurés. Supposons que leur autel se relève, et que tous nous venions l'entourer, qui est-ce qui se souviendra des misérables différences de classes, de riche, de pauvre, de lettré, d'illettré, d'ouvrier, de bourgeois, de paysan?... Nous sommes tous en France des gens de connaissance, nous nous sommes vus tous à la Fédération, au Camp de Boulogne devant l'Angleterre, au champ d'Austerlitz....

Messieurs, je ne doute pas que les temps de la rénovation ne soient proches. Je vous en avertis, cette année, vous avez atteint le fond, vous ne descendrez pas. (Applaudissements.)

Vous ne pouvez que remonter.... Une littérature tout entière doit venir, dont aucune de nos productions ne vous donne une idée, littérature tout autrement forte, jeune et féconde. Je voudrais, Messieurs, dans ce cours, en pressentir quelques caractères. C'est à cela surtout que j'ai pensé.

Non-seulement dans la littérature, mais dans la vie, dans l'action, il y aura un mouvement immense de tous vers tous, une croisade des hommes à la rencontre des hommes. Voilà ce que j'espère ; j'ai la foi, l'attente d'un grand mouvement social ; je crois que le temps n'en est pas éloigné.

Dans notre prochaine réunion, je chercherai avec vous quel en sera le principal agent, à qui appartient l'initiative et le devoir de faire les premiers pas. Je ne crains pas, au reste, dès cette heure, de vous faire pressentir là-dessus mon opinion. A qui Athènes remit-elle le rôle de médiateur entre les dieux et le peuple ? elle prit *le jeune homme*. De même que l'enfant est le médiateur dans la famille, de même *le jeune homme* doit être le médiateur dans la cité. (Applaudissements.) De même que dans les querelles domestiques, quand le père est d'un côté de la table et la mère de l'autre, c'est l'enfant qui prend la main de l'un et la met dans la main de l'autre... Ainsi, dans la cité. Voilà ce que vous verrez, ou plutôt voilà ce que vous ferez, car c'est de vous qu'il s'agit.

Tel est l'objet de notre prochaine réunion ; j'essaierai de caractériser le rôle du *jeune homme* comme médiateur dans la cité et comme principal agent de la rénovation sociale que nous verrons bientôt.

DEUXIÈME LEÇON.

23 décembre 1847.

Le divorce social dans la littérature et dans la langue, commencé dès le moyen-âge.—La Révolution crée une légende d'unité.—Le cœur doit être accusé du divorce social, mais l'esprit avant le cœur.—Notre éducation, tout abstraite, prépare le divorce social. (Cette éducation, toutefois, moins mauvaise dans le fond que dans la forme.)—Position triste et isolée de l'étudiant.—Comment le jeune légiste doit interpréter le droit par la vie.—Avantages du jeune médecin, pour étudier la vie morale; souvenir de Savart.—La Salpétrière et Bicêtre.—Combien le jeune homme peut puiser de vie dans le peuple; souvenir de Mickiewicz (1842).—La grande famille du jeune homme, c'est l'homme de génie et le peuple.—Sens général de cette leçon.

Messieurs,

Je vous l'ai dit, le mal du monde est là : il y a un abîme entre vous et le peuple.

Le peuple ! est-ce que nous ne sommes pas tous peuple ?... J'entends ici par ce mot les 30 millions d'hommes, je devrais dire 32, qui n'ont aucune connaissance ni de vos livres, ni de vos journaux, ni de vos théâtres, ni même des lois auxquelles ils obéissent.

Veuillez, je vous prie, laisser de côté vos statistiques trompeuses qui augmentent à volonté le nombre de ceux qui vont aux écoles (que m'importe, s'ils n'apprennent rien?), le nombre de ceux qui, au moment de la conscription, parviennent à simuler une signature !... Messieurs, il y a plus de 30 millions d'hommes qui n'ont presque aucun rapport d'esprit avec vous ; c'est de là qu'il faut partir. Vous êtes une nation de

2 ou 3 millions d'hommes environ ; tâchons qu'il n'en soit pas ainsi.

Si la Presse, les journaux, le théâtre, ces puissants moyens collectifs ne suffisent pas à réunir les deux peuples divisés, ne faudra-t-il pas y joindre l'action directe, personnelle, les communications orales, la parole chaleureuse et féconde, qui, sans intermédiaire de papier, va tout droit de l'homme à l'homme, du cœur au cœur? Notre confiance excessive dans la grande mécanique moderne nous a fait dédaigner comme trop simple, trop faible, impuissante, l'action de la parole. Pourtant, nous le voyons, la Presse est impuissante elle-même : le divorce augmente, la brèche s'élargit.

Le lien le plus fort qui soit entre les hommes, *la communauté de la pensée,* n'existe pas dans cette société.

Nulle culture, nulle littérature commune, et nulle volonté d'en avoir. Les lettrés écrivent pour les lettrés ; les ouvriers littérateurs, dont plusieurs sont très-distingués, écrivent dans les formes des lettrés, nullement pour le peuple.

Voyez les Juifs! ils avaient la Bible ; ce fut leur

unité. Les Grecs ! ils avaient Homère ; ils s'entendaient en lui. On vous dit que les Spartiates et les Athéniens étaient une aristocratie, cela est vrai ; mais leurs sujets, la majorité même de leurs esclaves, avaient Homère en commun avec eux, de sorte qu'ils étaient, sous ce rapport, au niveau de leurs maîtres ; ils avaient ce que vous n'avez pas, l'unité de pensée. Les Allemands, même aujourd'hui, que vous croyez si divisés, ont une sorte d'unité, vague en apparence, mais profonde, dans leurs légendes populaires, dans Schiller ; dans Weber, ils ont l'unité musicale. Le génie des grands musiciens pénètre dans tous les rangs de la population. Et lorsqu'un prince souverain passe dans un village, et qu'il entend sortir d'une chaumière la voix de Beethoven, il la reconnaît, en suit le rhythme, et il se met au pas ; et, sous ce vrai roi de l'Allemagne, il marche un moment dans l'égalité.

Qu'avez-vous de semblable ?

Le divorce social ici date de loin. Dès le douzième siècle, trois langues ont commencé, j'allais dire trois peuples. D'abord, comme partout, l'*Église*, qui s'obstine à parler latin, langue que dès-lors on n'entend plus. Puis l'*aristocratie* avec ses longs poëmes, ses romans, sa littérature toute à part. Et cette classe si peu nombreuse, elle appelle sa langue la langue française.

Est-ce bien là la France ? c'est, tout au plus, la tête de la France ; la France n'en sait rien. Elle est divisée en cent patois... Le patois, mot d'ignorance insolente !... De nos jours, on a su que c'étaient généralement les dialectes d'une langue délicate et savante, où parlèrent les plus subtils des hommes, les troubadours et les trouvères, ces théologiens de l'amour.

Ainsi, vous avez toujours été vous divisant. L'esprit de spécification qui augmente dans les sciences n'y a pas peu contribué. Et vous allez ainsi jusqu'à la Révolution ! Elle vous donne ce qu'aucun peuple du monde n'a encore, une légende d'unité nationale. Ni l'Angleterre, ni l'Allemagne, ni l'Italie, nul peuple n'a une telle légende. Voilà que vous en avez une, c'est un coup du ciel, un miracle. Vous avez une légende, la plus sublime comme idée, qui est la Révolution, la plus héroïque comme fait, qui est l'Empire. Il semble, après cela, que vous allez avoir l'unité, et vous ne l'avez point.

Qui faut-il accuser? Est-ce la faute du cœur? Sommes-nous donc tous ici tellement égoïstes, endurcis, livrés aux jouissances matérielles, à la brutalité de l'intérêt, que, chacun suivant à l'aveugle son sentier de banque, de bourse, de commerce, la patrie nous soit devenue indifférente, que nous ayons perdu tous les sens du cœur!...

Messieurs, j'en connais parmi vous, et je crois la même chose de ceux que je ne connais pas, qui emploient leur argent, leur temps, leur vie, à des choses élevées, utiles, charitables. Je ne puis donc accuser en masse indistinctement les classes lettrées, aisées... — Je puis parler de tout cela fort indifféremment, car j'ai traversé plusieurs classes; j'ai quelque sujet de croire que je les ai étudiées toutes. — D'autre part, je vois aussi des gens qui dépensent beaucoup d'argent pour leurs plaisirs (je ne sais si vous en connaissez); ce sont, je le suppose, des gens qui attendent, qui croient que demain une idée va surgir à l'horizon, et qui, en attendant, se désennuient; en cherchant à se désennuyer, ils s'ennuient encore plus.

Si beaucoup d'hommes se sont isolés, endurcis,

telle n'est pas la nature humaine; il faut chercher aux vices du cœur des causes dans l'esprit. L'esprit est en un sens le fonds de notre nature ; ses jugements mènent le cœur : l'esprit est l'arrière-scène où se meuvent et se tirent les fils qui nous conduisent. Il ne faut donc pas toujours s'en prendre au cœur; les vices du cœur viennent surtout des vices de l'esprit. Et, l'esprit lui-même, qui le fausse surtout, dès son point de départ? La culture tout abstraite que l'on nous donne, cette quantité de formules qui encombrent, énervent la pensée, enfin l'éducation de l'École.

Ce n'est pas volontairement que l'esprit se resserre : des causes très-artificielles, spécialement cette culture scolastique, l'ont amené, malgré lui, à prendre ces formes arides, subtiles, qui l'isolent de la vie, l'éloignent de plus en plus du peuple.

Non, ce n'est pas volontairement que nous sommes divisés.

Qui souffre le plus de cet état d'abstraction, de sécheresse, d'isolement? Qui, entre tous, éprouve le besoin de revenir vers les sources de la vie? Je vais vous le dire... mais vous le savez tous : le jeune homme.

Que veut dire *jeune ?* Cela veut dire actif, vivant, concret, le contraire de l'abstrait; cela veut dire chaleureux et sanguin, encore entier, spontané de nature; enfin, comme on nous a aussi appelés, nous autres sortis du peuple, *barbare ;* ce mot m'a toujours plu. (Applaudissements.)

Le pis pour le jeune homme, c'est que, dès le premier âge, il est environné de secours : je parle des jeunes gens des classes auxquelles vous appartenez; il est environné de secours, de secours accablants. Du moment qu'il a les yeux ouverts, on lui donne des grammaires et des catéchismes, c'est-à-dire des livres de logique et de métaphysique, philosophie des mots, abstraction d'abstractions; ajoutez-y des abrégés, une Arabie déserte de tables des matières propres à stériliser l'esprit.

Une chose étrange (et que vous savez, de reste, nous avons tous souffert); une chose triste à dire, c'est que cette société pèse en proportion de la faiblesse. Elle pèse de tout son poids sur la femme et l'enfant. Et ce qui est bizarre, c'est que l'enfant souffre davantage peut-être dans les classes qu'on appelle heureuses. L'enfant pauvre, prenez-le dans sa pire condition, celui des manufactures, est condamné au mouvement; l'enfant riche à l'immobilité. Je pourrais citer tel collége où deux heures d'étude sont suivies de deux heures de classe, en tout quatre heures d'immobilité sans interruption. Je dis que, si on considère la mobilité de cet âge, le besoin de mouvement que lui impose la nature, cela est fort au-delà des tourments qu'impose à l'enfant pauvre le mouvement perpétuel des manufactures... *Sedet, eternumque sedebit...* C'est le plus terrible supplice que Virgile ait trouvé pour son enfer.

De plus, faites la différence de la manière dont ils sont occupés. L'enfant des manufactures agit et marche, personne ne lui demande compte de sa pensée; il est libre dans son rêve. L'enfant de nos écoles n'est nullement libre en ce sens; c'est sa pensée qui est fatiguée, surmenée, supplice intime qu'on ne peut comparer au supplice des jambes. Il est fixé et de corps et d'esprit; fixé dans la grammaire ou le catéchisme, dans l'abstraction, j'allais dire dans l'impossible et l'inaccessible. Platon, Aristote, arrivaient à peine à trente ans aux choses que nos enfants sont tenus de savoir à douze.

Cette terrible éducation, organisée jadis par les jésuites, trop docilement suivie par nos colléges, est tout-à-fait la même chez les prêtres et chez les laïques, qui sont néanmoins plus instruits. Au collége, elle s'adoucit quelque peu vers quatorze ou quinze ans. L'enfant parvenu enfin en seconde, en rhétorique, voit finir ses ennuis; la grammaire s'arrête, la littérature commence; il respire, le voilà sur les genoux de Virgile; il prend une âme : c'est un homme.

Et au moment où il ouvre cette âme, les écoles spéciales le ressaisissent (l'École Polytechnique, l'École de Droit ou toute autre), et le replongent à peine réchauffé, ravivé, dans le Styx de l'abstraction.

En tout ce que j'ai dit plus haut, je n'ai entendu nullement attaquer notre éducation classique. J'en suis le partisan le plus déclaré. Je crois que si nous autres affranchis, réchappés du moyen-âge, courbés naguère sous son dogme écrasant, serfs hier, hier à quatre pattes, nous n'avions pris dans ces littératures l'attitude des souverains de la pensée, qui sont les Grecs, des souverains de l'action, qui sont les Romains, nous ramperions peut-être encore dans la servilité du moyen-âge. Voilà à quoi nous sert cette éducation par l'antiquité, cette société des grands peuples, qui, chacun dans trois siècles (leur période féconde ne dure guère davantage) ont donné plus d'hommes que tout le monde du moyen-âge n'a pu en produire en mille ans. Il faut croire qu'il est bon d'étudier ces hommes, ces peuples, je ne dis pas de leur ressembler ; il ne faut point ressembler, mais il faut regarder. Donc, je suis partisan des littératures grecques et romaines, des histoires de la Grèce et de Rome ; cette éducation, à mon avis, est la plus noble éducation.

Je la défends pour le fonds, la substance ; je la blâme, quant à la méthode. Il ne faut pas arriver trop tôt à la grammaire ; il ne faut pas arriver à l'histoire résumée, quand on ne sait pas l'histoire du détail. Il faut commencer par le matériel, par le détail circonstancié ; quand on l'a, ce détail, quand on commence à en être embarrassé, quand l'enfant dit : Mais si l'on me résumait tout cela, si l'on abrégeait, si l'on simplifiait ?... Alors qu'il vienne un homme qui ait pitié de lui, qui lui donne en présent, pour faveur singulière, une grammaire, un abrégé. Une telle éducation voudrait ainsi des ménagements, des acheminements, des préparations lentes, douces, habiles. J'y reviendrai ailleurs.

Les formules dont on nous surcharge dans tous les genres d'études devraient toujours venir comme aide, comme secours demandé, et tard. Et il ne faut pas s'exagérer leur secours. Elles aident souvent, et souvent font obstacle.

J'ai eu longtemps pour voisins deux jeunes Bretons, qui s'occupaient de mécanique, et s'étaient fait une machine à marcher. Assis entre deux roues, sur un axe mobile, une légère impulsion leur suffisait pour avancer rapidement. En plaine, rien n'était plus commode ; on fesait des lieues comme en songe. Qu'une hauteur se présentât, la machine, loin d'aider, devenait un obstacle, un embarras ; au lieu qu'elle portât, il fallait la porter.

Voilà, messieurs, l'image des formules, celle des hommes qui s'en serviraient toujours, qui n'agiraient qu'au moyen de ces instruments artificiels, sans jamais recourir à l'action naturelle, vivante. Elles servent en plaine, je veux dire dans les cas ordinaires ;

mais dans une rencontre imprévue, qui demande une activité spontanée, une énergie, un homme, ces instruments, cette habitude d'y recourir toujours, entravent, embarrassent, on en porte le poids.

Revenons. Voilà le jeune homme quitte enfin du collége, appelé aux études spéciales. Le voilà sur le pavé de Paris, installé dans une grande maison, un hôtel, comme on dit, tout seul; il n'a pas de relations, il en formera peut-être, et de mauvaises. Mais, pour le moment, il est seul, comme un Robinson dans son île. Il y a eu un moment de repos entre le collége et les écoles, il s'est un peu réchauffé au foyer; il arrive là... Rien que glace et que vide. Cette ville, elle est pleine de vie, de chaleur, de puissance, mais il n'en sait rien; il appelle cela un désert; les hommes y fourmillent, les hommes bienveillants; il l'ignore. Il a une vie seule, abstraite en quelque sorte, et, en face de lui, un livre tout abstrait, ce petit livre, par exemple, que vous connaissez tous, en petits caractères, à la tranche de cinq couleurs. Ici, les précédents lui manquent pour comprendre. Rien avant, rien après. Il cherche les commentaires; mais que font ces commentaires? la plupart augmentent les difficultés ; ils lui expliquent que, indépendamment de toutes les obscurités qui lui viennent dans l'esprit, il y a une infinité de cas minimes, obscurs, peu connus, qu'il ne rencontrera peut-être jamais de sa vie ; n'importe, les voilà. (Applaudissements.)

Messieurs, vous comprenez bien que tout ceci n'est pas contre l'enseignement actuel du droit. Je crois que la méthode abstraite, que la méthode d'analyse, qu'on suit en général, est bonne en elle-même, et il est bien loin de ma pensée de parler contre des hommes spéciaux, profonds dans leur science, sous lesquels je voudrais pouvoir l'étudier. Je veux dire seulement qu'entre l'enseignement élevé qu'ils nous donnent et l'enseignement des colléges dont nous sortons pour arriver à eux, il faudrait un intermédiaire. Il est évident qu'il y a là une lacune, et que le jeune homme qui sort des études littéraires ne peut arriver tout droit au Code civil.

Il faudrait savoir ce qui est avant, après ce Code ; quelle est la société antérieure, et celle que le Code a faite : l'ancienne société, de ses besoins, de ses nécessités, a engendré ce Code. Il faudrait que l'étudiant retrouvât le droit et le réinventât dans les circonstances sociales dont il est le produit. Prenons un exemple dans les lois de succession.

Quelle était la famille avant la Révolution ? Cette famille, Messieurs, nous en avons une révélation éloquente, profonde, qui aide bien à comprendre nos lois. Lisez les Mémoires de Mirabeau, lisez ses lettres écrites du donjon de Vincennes à son père, souvent plus éloquentes que ses discours de la Révolution. Là, vous verrez la Révolution dans la famille, chose bien plus terrible que la Révolution dans la cité ; vous y verrez quinze ans d'avance, des 92 et des 93, du père contre le fils, du fils contre le père ; et vous comprendrez que la première nécessité de la Révolution, c'était le Code civil. C'est du donjon de Vincennes et dans les lettres de Mirabeau que vous verrez de loin venir nos lois de succession ; c'est là que vous comprendrez la dureté de la famille antique, fondée, comme l'État d'alors, sur le privilége et sur l'injustice.

Notez que les considérants du Code civil vous apprendront peu là-dessus. Ils ont été rédigés d'une plume simple et nette, élégante, mais, aussi, sèche et froide. Les discussions du Code civil sont elles-mêmes insuffisantes ; elles ont été rédigées par des hommes éminemment capables, mais des hommes qui sortaient de la Terreur, qui venaient de tirer leur cou de dessous le couteau, et qui étaient restés, malgré leurs grandes facultés, pâles et affaiblis. Ces discussions, toutes belles, admirables qu'elles sont, ne sont pas toujours dignes de la grandeur des choses. Je ne sais pas si c'est la faute de Locré.

Il faut prendre le droit dans ses sources, dans la société, dans la famille d'avant la Révolution ; et quand vous avez fait cela, il faut le prendre après, c'est-à-dire dans les résultats qu'il a produits. Ces résultats, Messieurs, où faut-il les chercher pour la succession? Ce n'est pas seulement dans les livres.

Quand vous passez dans la rue, vous voyez souvent étalés à la porte d'une maison, hier fermée, aujourd'hui ouverte, vous voyez là, par terre, des tasses, des assiettes, des meubles, des gravures, etc. C'est une vente après décès. Mais pourquoi cette vente?... Vous regardez, vous remarquez, des objets tristement ridicules; et la conclusion ordinaire, c'est que le défunt était un pauvre homme qui n'avait pas beaucoup de sens ; c'est la pensée de ceux qui passent, qu'ils achètent ou qu'ils n'achètent pas. Ces meubles, qui, dans leur arrangement mutuel, avaient un sens, une harmonie, un ensemble, ils perdent tout, dès que vous les divisez et que vous les mettez là par terre, dans une confusion baroque, qu'on croirait parfois satyrique, si l'on ne savait que le tout est hasard, insouciance du brocanteur.

Quand vous avez regardé cela, vous trouvez la loi bien dure. Comment? voilà par exemple un livre de prières dans lequel cet homme a lu pendant 30 ans de suite, voilà telle image qui tous les matins a réveillé sa piété, voilà enfin tel meuble, vieux serviteur qui ne l'a pas quitté. Comment! tout cela traine dans la boue. L'ennemi est-il là?... Nullement; c'est la loi, dans sa précaution maternelle et compatissante. Il y a un enfant. Eh bien! messieurs, la loi est si terriblement intéressée pour cet enfant, d'après notre Code, qu'elle va mettre la maison à sac. Voyez-vous! ces meubles-là, à leur place, valaient, que sais-je! 1,500 fr.; ici ils valent 15 fr. La loi met dans la rue *le Saint des Saints* de la famille, elle prostitue la mémoire du défunt au ridicule... Elle s'est dit : « Cet enfant-là a des parents très-proches, il a des frères, des sœurs, des oncles, etc. ; tous ces gens-là pourraient bien le voler, mais moi je suis sa mère... » Et alors elle le ruine.

Ce seul spectacle en dit plus qu'aucun commentaire du Code. Nul livre n'a la force instructive de l'observation et de la vie. Le jeune homme trouvera là la critique du droit actuel qui brise le foyer, et pourquoi tant d'autres pays, voulant à tout prix assurer l'accumulation, l'arrangement, l'unité du foyer, immolent à l'aîné la famille même et la justice. Il aura d'un même coup compris les deux systèmes, et, sans retourner à la barbarie du passé, il cherchera les moyens de remédier à la barbarie présente.

Combien le jeune médecin est mieux placé encore que le jeune légiste pour entrer profondément dans les réalités !

Imaginez l'avantage immense de l'*interne* seul dans un hôpital. Le médecin en chef passe, repasse, il impose, obtient moins de confiance, il a peu de temps pour chaque malade, il n'en connaît aucun : numéro 1, numéro 2, numéro 3, etc. Mais l'interne, qui est là, qui a le temps, qui ne sait que faire même quelquefois, l'interne peut, s'il a de l'esprit, et surtout s'il a l'air *bon enfant*, confesser ces gens-là, seul vrai moyen de les guérir. Et nous avons de suite le rétablissement de la belle unité du moyen âge; le médecin devient un confesseur, avec la différence, qu'au moyen âge, ce double personnage était un ignorant.

Nulle position meilleure, à mon sens, pour qui veut pénétrer la vie, que d'être ainsi placé *interne* dans un hôpital.

A ce sujet, une histoire m'a été contée par un de mes plus illustres collègues, M. Savart. L'éminent physicien était d'abord ingénieur de l'école de Mézières, de l'illustre école de Monge, de Clouet (celui qui a trouvé la trempe de l'acier). Moins fortement trempé était l'acier que ces hommes. Entre autres singularités, Clouet se piquait de ne rien porter qui ne fût de lui, c'est-à-dire qu'il faisait ses souliers, ses habits, etc. Savart dans la science était de même, il n'employait d'instruments que les siens. Son enseignement au Collège de France était tout d'invention, dans le fonds et dans les moyens. Il construisait exprès des machines ingénieuses qui faisaient voir, toucher ; il donnait tous les intermédiaires par où l'invention avait passé, et, par un art profond, replaçait les choses dans leurs précédents, dans leur génération qui fait leur vraie lumière.

Solitaire, abstinent, concentré, il trouvait dans cette concentration une grande force. Nous l'avons vu le dimanche acheter du pain et du fromage, s'enfermer pour ses expériences et ne sortir que le dimanche suivant. Nul homme n'a jamais été plus dur, mais pour lui.

Vers 1812, lorsque tout le monde partait, Savart se fit chirurgien et fut employé comme tel dans un hôpital, au moment de cette terrible débâcle où les blessés de toutes les nations affluaient dans les hôpitaux, les blessés, le typhus, toutes les maladies. Il était là élève sous un médecin voué aux doctrines de ce temps. Un blessé arrive dans le nombre, un Cosaque, grand, fort, de taille herculéenne ; mais il avait une terrible blessure. Le médecin, dès le premier jour, espère peu, en tient peu de compte, ordonne la tisane. Le lendemain, le surlendemain, il repasse, le Cosaque baissait visiblement; le médecin disait : Le numéro 2 va mal. De la tisane ! Le Cosaque allait toujours baissant. Savart se promenait pendant ce temps dans ce vaste hôpital avec un calme d'esprit qui n'étonnera pas ceux qui l'ont connu. Il s'occupait alors d'une traduction de Celse et d'un commentaire de Rabelais. Il allait de long en large et de temps à autre observait le Cosaque qui baissait toujours. Le médecin disait : Cet homme-là n'en reviendra pas; n'importe, de la tisane ! Savart, qui n'avait rien à faire, se met à regarder le Cosaque. Il voit que c'était un homme admirablement construit, d'une solidité extraordinaire, et il dit : Ma foi, ce pauvre diable est fort loin du pays des Cosaques; qu'est-ce qu'on pourrait faire pour lui ? Il est bien malade, il n'en reviendra pas ? Dans son pays il a toujours bu de l'eau-de-vie, je vais lui en donner, cela lui fera plaisir. Savart va chercher de mauvaise eau-de-vie, semblable à celle dont boivent les Cosaques. Il lui en donne un peu. Voilà un homme singulièrement remonté; une seule goutte ! ce ne pouvait pas être l'eau-de-vie, mais c'était l'eau-de-vie qu'il avait coutume de boire, et apparemment le souvenir du pays. Le médecin vient le lendemain, et il dit : Savart, voyez l'heureux effet des antiphlogistiques; cet homme commence à mieux aller. Savart, sournoisement, lui donna le lendemain une dose plus forte; à la longue, notre homme guérit.

Je ne conseillerais pas à tout le monde de soigner les blessés avec de l'eau-de-vie. Mais il y avait une circonstance particulière : d'abord le souvenir de la patrie avait été réveillé puissamment, ensuite le blessé s'était aperçu qu'il n'était pas tout-à-fait dans un pays ennemi. D'une goutte imperceptible d'eau-de-vie, Savart lui avait rendu à-la-fois la patrie et l'humanité.

Messieurs, sans avoir jamais été étudiant en médecine, j'ai bien souvent traversé Bicêtre et la Salpétrière. J'y allais voir un interne, un ami que j'ai perdu. Là, je me suis aperçu combien le jeune médecin pouvait apprendre, en toutes choses morales, s'il en prenait le temps. J'ai vu à la Salpétrière ce que personne n'a jamais pu sonder : la plaie de la France, le deuil immense, effroyable de nos guerres. C'est de la bouche même des mères qu'il fallait apprendre ces choses. — A tout la même réponse : « J'avais un fils ; je ne serais pas là s'il n'était pas mort... » — Aujourd'hui, toujours même histoire. Pourquoi ce fils est-il mort, et comment ? Parce qu'il n'y avait pas d'hôpitaux, parce que le régiment n'était pas acclimaté, qu'il allait de Lille à Marseille et de Marseille en Afrique, etc., etc. C'est là qu'on apprend la vie et la mort, mille choses qui ne sont ni dans les livres, ni dans les journaux, nulle part... Notons un mot familier aux anciens, et qui manque chez nous autres modernes : *Orbitas*, qui ne se traduit point.

C'est encore à Bicêtre, par exemple, que vous verriez des choses instructives et touchantes, les vraies ruines de la patrie. Il y a deux ans, ces hommes de Bicêtre, les plus misérables des hommes, ont fait une souscription pour la Pologne. Une souscription par des mendiants ! prise sur leur nourriture !

Quelle profonde révélation on peut tirer souvent de ces hommes au long souvenir, hommes tout à la fois d'instinct, d'expérience, hommes d'action, de travail, de combat !

Notre illustre collègue et ami, Mickiewicz, m'a conté l'impression singulière qu'il avait eue enfant, lorsqu'en 1812 sont arrivées dans la Lithuanie, où il étudiait, ces masses d'hommes qui revenaient de Moskou, et les rapports que lui, Mickiewicz, avait eus avec eux. C'était au moment où les grands froids commençaient; les Polonais étaient dans la plus grande inquiétude, dans une attente, une anxiété extraordinaires. On allait chaque matin voir le thermomètre, et on s'effrayait de le voir baisser, baisser, baisser. Et puis, voilà que peu-à-peu on voit arriver des hommes affamés par toutes les routes, déjà couvertes de neige; voilà des hommes, et encore des hommes; tout en est plein : les maisons, les édifices publics, le collége où était alors Mickiewicz, tout se remplit à la fois. Le froid devenait très-vif; on leur fait des feux partout. Dans les salles, dans les corridors; partout des soldats, des Français. Mickiewicz, qui avait alors 14 ans, allait de temps en temps regarder ces fantômes guerriers; on peut dire fantômes, plusieurs d'entre eux avaient marché bien au delà de leurs forces, par une vigueur intérieure que leur aspect n'expliquait pas. Le grand poëte vit tout de suite une chose que personne n'a dite : Ces vieux soldats ne se couchaient point; la nuit, autour du feu, on les trouvait toujours, la tête sur le coude, à rêver; ils avaient perdu le sommeil, étant tellement habitués au mal, à la fatigue, tellement désaccoutumés du repos. Ils roulaient en eux cette grande histoire. C'était trop, vous le sentez, pour les mêmes hommes d'avoir commencé en 92, et de se trouver là en 1812; chose excessive, au-delà des puissances humaines. Donc, cette histoire leur revenait toujours; ils restaient là, rêveurs, autour du feu.

Le grand poëte des Morts (c'est le titre du premier poëme de Mickiewicz), les ayant longtemps contemplé avec une gravité au-dessus de son âge, se hasarda à adresser une question à ces vieillards : « Vous êtes bien âgés; comment donc, à votre âge, êtes-vous sortis de votre pays, encore cette fois, pour venir si loin? » Et alors, ces vieux grenadiers, relevant leurs grandes moustaches blanches, répondaient avec simplicité : « Nous ne pouvions pas le quitter, le laisser aller tout seul. »

Voix profonde de la Grande armée, sa réponse pour les expéditions excentriques d'Espagne, de Russie : « Nous ne pouvions pas le laisser aller! » Et le dernier mot est sublime : « Le laisser aller seul! » Ainsi ces vieux soldats ne comptaient pour rien les générations nouvelles ni les cinquante peuples que Napoléon traînait après lui. Sans eux, Napoléon eût été seul.

Grande réponse, voix profonde du cœur de la France. Plus d'idées, plus de souvenirs du temps du départ, de la révolution. Mais le cœur survivait, et le sacrifice. C'est le plus précieux trésor de la déroute, qui fut recueilli ainsi, sauvé par un enfant polonais. Et il a gardé ce trésor. C'est là ce qui le soutient à travers tant d'épreuves. Mickiewicz est resté par cette force du souvenir, lorsque la France a tant oublié, il est resté, si j'osais le dire ici, presque plus français que la France. (Applaudissements.)

Vous me direz que ce sont là de rares occasions, qu'il faut des circonstances bien extraordinaires pour qu'il sorte du cœur des hommes des révélations si profondes. Non, Messieurs, je ne le crois pas; les occasions ne sont pas rares; c'est nous qui manquons aux occasions. Tous les jours, pendant que vous êtes là, dans votre chambre, à lire je ne sais quels livres, les histoires de la Révolution, peut-être la mienne, eh bien! je crois que, dans ces moments, vous entendez quelquefois, sans vous en douter, la

Révolution, l'Empire qui passent. Je parle de cet homme de soixante ans, davantage peut-être, qui, d'une voix enrouée, crie telle marchandise; qui se lève pour vous avant le jour, pour vous vendre je ne sais quoi... Je vous le dis, c'est la Révolution, c'est l'Empire qui passent, qui continuent, Messieurs, leur marche infatigable. De sorte que, si vous mettez la tête à la croisée, vous trouverez que c'est la chose même que vous croyez lire dans vos livres, et dont les livres vous donnent des images infidèles, c'est la réalité qui subsiste. Ces hommes sont indestructibles; vous les voyez encore, à soixante ou soixante-dix ans, qui courent toutes les rues de Paris et qui font toute espèce de petits commerces. Eh bien! Messieurs, causez un moment avec eux, vous serez étonnés de tout ce qu'il y a d'histoire non écrite; les choses écrites, c'est la moindre partie, et c'est peut-être la moins digne; mais il y a un monde vivant de choses non écrites. Et ce monde vit encore, et il ne vivra pas demain, car ils s'en vont tous les jours. Ainsi, cet homme, si vous causiez avec lui, et que vous oubliassiez un moment que vous êtes docteur (ou bachelier, n'importe), cet homme vous apprendrait quelque chose qui ne se trouve, ni dans l'histoire de l'Empire, ni dans l'histoire de la Révolution. Ils ont tous un trésor de faits, et très-riche ; cet homme vous conterait, et la grande déroute de l'Empire, et la sienne. Vous apprendriez à connaître les dévouements singuliers qui se rencontrent dans ces hommes de courage et de patience ; vous trouveriez tel grand-père de soixante-dix ans qui soutient ses petits-fils, qui est fort, indestructible ; tous les autres ont passé, ses fils, ses filles, tout cela est mort : il ne reste que le vieillard qui mène la petite voiture, qui conduit l'étalage, qui crie dans la rue. Et, l'autre jour, quelqu'un, entendant crier un de ces hommes, disait : « Mais voyez donc, ce misérable se donne plus de mouvement que s'il s'agissait de gagner la bataille d'Austerlitz ! » C'est qu'il la continue... ! Il la continue, je veux dire, par son énergie contre le malheur, par sa puissante et indestructible volonté. (J'ajoute ceci pour une personne qui paraît étonnée, et peut-être n'avait pas compris le sens de cette parole.)

Messieurs, si le jeune homme, loin de sa famille, perdu dans ce vaste Paris, me demande de quels hommes, entre tant d'hommes inconnus, il doit se rapprocher, je réponds sans hésitation : « *Des forts, de ceux qui fortifient.* » Une culture toute d'abstractions, une éducation subtile et scolastique ne trempe nullement le caractère, et le monde opposé où elle vous jette ensuite brusquement, ce monde matériel, sensuel et vulgaire, va vous achever, si vous n'y prenez garde. Allez chercher la force! Où? Près de ceux qui l'ont. Or, elle est en haut et en bas, dans l'homme de génie, dans le peuple. Là, vous trouverez ce qui manque dans la société moyenne, ce dont vous avez surtout besoin, l'énergie morale, la grande volonté, la force pour faire ou pour souffrir. Les *puissants* du génie, ceux qui dominent et créent le temps, les *souffrants*, ceux qui le traversent d'une action courageuse, patiente, ce sont les seuls qui sachent le mystère de la vie. Le monde intermédiaire n'en saura jamais rien, parlant toujours de positif et suivant des chimères, aveuglé chaque jour par le plaisir ou l'intérêt. La réalité sérieuse, la force, sachez-le, n'est pas là.

« Mais ne faut-il pas voir le monde, les salons, former des relations? Je suis seul à Paris, loin des miens... » Quelle erreur !.. Je vous vois ici des pères et des frères. L'homme supérieur est partout le père du jeune homme ; et son frère ? c'est le peuple.

Il faut, Messieurs, que vous rentriez en rapport avec cette grande famille, votre famille naturelle, dont vous ne vous êtes pas fait reconnaître encore. Ne craignez rien : des uns, des autres, vous serez bien reçus. L'homme de génie (je l'ai éprouvé dans ceux que j'ai connus), c'est le plus accessible de tous, le plus communicatif ; il est, je l'ai dit ailleurs, plus peuple que le peuple, plus simple que le simple. Le travailleur, d'autre part, l'homme d'action laborieuse, de rude expérience, quoiqu'il se tienne d'abord réservé, parfois défiant, quand il a quelque peu observé, regardé, il sait bien reconnaître le jeune homme honnête, simple, de bon cœur, de bonne volonté, et il lui tend la main. Les vieux soldats qui ont vu tant de choses, les vieilles femmes surtout qui sont si pénétrantes, ne s'y trompent jamais.

Quels seraient, Messieurs, les rapports du jeune homme et du peuple ? comment leur rapprochement préparerait-il la rénovation sociale à laquelle aspirent tous les cœurs ? comment le jeune homme pourrait-il être le *médiateur*, le pacificateur de la Cité? C'était le sujet naturel de cette leçon. L'heure m'oblige de la finir. Et je ne l'ai pas commencée.

On s'étonnera peut-être d'une marche si lente. Entraîné par telle question accessoire, par l'intérêt de tel souvenir, ai-je donc oublié mon sujet? Nullement. Je devais, avant tout, vous montrer le besoin de ce rapprochement dans votre intérêt propre, dans votre situation morale, en vous, jeunes gens qui m'écoutez; je devais vous prouver qu'élevés ainsi, vous avez besoin du peuple, autant et plus qu'il n'a besoin de vous.

Une éducation tellement artificielle qui subtilise en nous l'esprit aux dépens des facultés actives fait de chacun une moitié d'homme, moitié spéculative, qui, pour faire l'homme complet, attend l'autre moitié, la moitié d'instinct et d'action. Le divorce social qui fait deux nations d'une seule, et les rend toutes deux stériles, il apparaît non moins frappant dans l'incomplet, dans l'impuissance de toute âme et de tout esprit.

TROISIÈME LEÇON.

30 décembre 1847.

L'esprit est commun, le *caractère* est rare.—Se faire peuple.—Du pauvre volontaire : sobriété de Grégoire, de la Tour d'Auvergne.—Personne ne veut l'égalité.—L'inégalité dans la famille même.—Il ne faut pas dire : Ce n'est qu'une femme, un enfant, une classe ignorante, une minorité, etc.—Exemples du monde romain, du monde chrétien, de Napoléon ; son divorce.—De la sagesse des femmes et des enfants.—Les sciences morales prévoyent peu l'avenir.—Il faut en écouter la voix, confuse encore, dans les soupirs de ceux qui souffrent et qui montent.

ERRATUM ESSENTIEL DE LA SECONDE LEÇON.

A la p. 37, ligne 11, un point-et-virgule mal placé fait dire au professeur une chose inexacte : Que l'unité musicale de l'Allemagne est dans Weber.—La phrase entière doit être lue ainsi : Les Allemands même, aujourd'hui, que vous croyez si divisés, ont une sorte d'unité, vague en apparence, mais profonde, dans leurs légendes populaires, dans Schiller et Weber, ils ont l'unité musicale.

Messieurs,

« Il ne faut qu'*un grand caractère*. » C'est ce que m'écrivait, il y a quelques jours, du fond d'une campagne, un jeune homme, un ami, qui s'entretient parfois avec moi par écrit de notre situation morale. Personne n'a le coup-d'œil plus juste, parce que personne n'a une âme plus saine. Il vit là gai et fort, tout seul, dans une profonde culture de l'âme, culture originale, populaire et savante, entre les livres et les paysans, paysan lui-même, parlant à tous la langue et les idées de tous, apprenant avec tous, courant la campagne en sabots, Molière en poche ou Rabelais.

Oui, c'est de *caractère* qu'il s'agit; l'esprit est secondaire. Il pleut des gens d'esprit; on ne sait qu'en faire, comment les occuper, comment s'en délivrer. Graine féconde qu'on sema pour la fleur; mais elle a filé, *tracé* partout, rempli tout; la terre ne donne plus rien de nourrissant, d'utile.

L'esprit abonde et surabonde; le caractère est rare. Qu'il paraisse véritablement *un caractère, un homme;* mille choses sont là qui l'attendent, qui sont mûres, en réserve, qui se gardent pour lui. Mille forces dispersées dans la vie, dans la science, se grouperont, dès qu'il viendra un homme, seront siennes, deviendront sa force.

Ici, la pensée de la France n'est pas bien nette encore. Le souvenir de tant de grandes choses, hasardées, réussies, emportées par l'audace, a laissé cette tradition que le *caractère* est tout dans l'énergie ; que l'homme hardi, au jour venu, n'a qu'à se dire le mot fameux : « De l'audace, et encore de l'audace » ; que l'audace vaudra la force.

On se remet ainsi de toute chose à l'inspiration fortuite du courage, au hasard, au miracle. On se dispense de préparer, d'accumuler la force, d'assurer la fortune, de la lier d'avance. Elle ne se laisse pourtant subjuguer et garder qu'à celui qui unit deux choses, la prévoyance et le caractère ; elle est parfois ravie par les audacieux, mais elle n'est fidèle qu'aux forts, aux prévoyants, aux persévérants, à l'homme équilibré de science et d'expérience, d'instinct et de réflexion, de spéculation et d'action.

Celui-là est un homme, il est sage, il est peuple ; ces deux choses n'en font qu'une en lui. A lui d'agir et de produire. L'action, la production, sont des manifestations naturelles de cette force équilibrée. Elle est la condition préalable ; sans elle, rien de puissant dans l'art ni dans la vie.

Or, cette condition, notre éducation ne la donne pas ; chacun doit se la faire à soi-même.

Notre éducation n'est qu'une moitié d'éducation ; elle s'occupe uniquement de nous transmettre les formules de tout genre où s'est résumée la science ; chose utile à coup sûr, mais incomplète ; il faudrait voir encore la science sous forme vivante, comme réalité organique et comme vie.

Donc, le jeune homme doit faire ce qu'on ne fait pas pour lui ; il doit se faire une *contre*-éducation. *Contre* ici ne veut pas dire *contraire*, mais symétrique, harmoniquement opposée, et qui, dans cette apparente opposition, soit l'interprétation et la lumière de l'autre.

Cette *contre*-éducation, qui seule vivifie l'éducation des livres, des formules, le jeune homme la trouvera surtout (c'est le sens de la dernière leçon) dans l'observation de la vie, sous sa forme la plus instructive, le travail, la douleur. Qu'il porte dans ce vaste monde du travail qui est là près de lui, et dont il se doute si peu, qu'il y porte une étude sympathique, un cœur bienveillant, il en sera payé ; il en tirera bien plus qu'il ne peut y porter jamais, la leçon du courage et la patience, les miracles de l'héroïsme obscur, l'infini de la volonté dans l'infini des maux. En présence de pareils spectacles, d'instinct et sans réflexion, il jetera là l'homme du temps, la vie basse et vulgaire, sentira en lui un autre homme, se vêtira d'une force virile et de l'âme du peuple.

S'il en était ainsi, il arriverait une grande chose : l'unité morale se rétablirait. Unité morale, unité sociale, deux choses toutes voisines et presque identiques. La réconciliation des deux esprits, c'est celle des deux classes de la société.

Jeune homme, soyez peuple de cœur, et le peuple est à vous.

Riche de cœur, de dévouement, abstinent et large à-la-fois, soyez le pauvre volontaire.

Voulez-vous savoir pourquoi rien ne put faire obstacle aux hommes de la Révolution? Leur invincible épée fut-elle l'énergie, le courage? bien d'autres ont été énergiques. Des millions d'esclaves, des Turcs, des Russes, que sais-je! ont, tout comme les nôtres, accepté et cherché la mort.

Non, s'ils n'ont rien trouvé qui tînt devant eux,

c'est qu'allant à la rencontre des peuples de la terre, ils portaient un trésor devant qui toute la terre a baissé les yeux, une richesse morale extraordinaire qui leur fit ignorer ce qu'on croyait les biens du monde.

Un fait ou deux seulement.

Quand le représentant Grégoire, ayant eu la mission d'organiser la Savoie (un royaume), on revint à Paris, il jeta devant sa gouvernante le sac d'argent qu'il avait reçu pour ses dépenses au départ, et le faisant sonner : « Madame Dubois, je rapporte de l'argent à la République. — Mais, comment avez-vous fait ? — Oh ! j'ai mangé du pain. » — Mme Dubois était une dame âgée et riche, qui le logeait, le nourrissait ; car Grégoire n'avait rien au monde.

Qui ne sait que Latour-d'Auvergne, le premier grenadier de la République, l'homme énergique entre tous, qui partit encore à 57 ans, volontaire pour la troisième fois, vivait de 2 sols de lait par jour ? — Le duc de Bouillon, son parent, voulait lui donner une terre ; mais qu'en aurait-il fait ?

Ceci, c'est la légende (légende vraie, historique) des

saints de la patrie.—Nous n'en voulons pas tant. C'est moins l'abstinence excessive qui sert au monde que la simplicité de vie et d'habitudes. Celui qui aurait cette simplicité, celui qui, par un sentiment profond de l'égalité, se rapprocherait de la vie pauvre, qui mettrait ainsi d'accord sa foi politique et sa vie, en tirerait, j'ose le dire, une force immense. Niveleur sur lui-même, plein de la joie virile de se placer ainsi dans le réel de la fraternité, il se sentirait riche et plein.

Ici, je ne dois pas dissimuler une chose, un obstacle, et il n'est point autant qu'on croit dans la mollesse de nos mœurs, dans notre éloignement pour l'abstinence et le sacrifice. Non, l'obstacle est plus grave, il est profond; je vais le dire moi-même, sans ménagement, ni respect humain :

Qui veut l'égalité? Personne.

J'ai rencontré beaucoup d'amis de la liberté, je n'en ai pas encore rencontré un seul de l'égalité, un seul réel, qu'on pût mettre à l'épreuve. Personne ne veut, ne sent l'égalité; pas plus le peuple que les classes riches. Le lettré dit de l'homme du peuple : C'est un ignorant, je le conduirai. Et le peuple dit du lettré : C'est un homme faible, inactif, un *propre à rien*.

Ainsi des deux côtés personne n'a le sentiment de l'égalité. L'homme du peuple ne sait pas que souvent le lettré, par la culture, concentre en lui l'expérience de bien des hommes du peuple ; et, réciproquement, le lettré ne sait pas non plus que cet homme du peuple concentre peut-être en lui l'énergie de bien des lettrés.

Maintenant, Messieurs, dans la famille, examinez vous-mêmes.

N'avez-vous pas vu ce qui arrive lorsque le jeune docteur revient chez lui, et combien tous, le grand-père, le père, la mère, même les frères et sœurs, combien tous ils deviennent peuple en présence de cet aristocrate, qui se croit démocrate? (Applaudissements prolongés.)

Il est dans la famille l'aristocratie, la monarchie bientôt, le gouvernement; on s'en remet à lui de tout; on le consulte, on le croit; il est savant; il a été à Paris, etc.

Parle-t-il? on se tait ; le grand père, qui a fait les

guerres de la révolution, qui a vu toute la terre, ne souffle mot (approbation); le père, homme d'affaires et de travail, ne dit rien non plus; c'est ce jeune homme capable qui conduit la barque, qui trop souvent spécule et noie tout avec lui. Les autres n'entendaient rien à la spéculation, ils l'ont suivi, les yeux fermés. Voilà les fruits de cette aristocratie dans la famille.

Dès lors, comment voulez-vous, je vous prie, que dans la société nous ne conservions pas des instincts d'aristocratie? Celui qui mène et dédaigne ses frères selon la nature regardera-t-il comme frères cet étranger, ce travailleur, ce pauvre? Sa fraternité spéculative s'arrête, se déconcerte au premier pas : Un homme ainsi vêtu ! un homme non ganté ! etc., etc.

Mais enfin tout cela, est-ce extérieur? Le cœur n'est-il pas aussi aristocrate?

On dira bien des lèvres : liberté, égalité, fraternité, c'est un symbole, un catéchisme ; tout le monde peut le répéter. Les ennemis de l'égalité en disent, tant qu'on veut, les paroles. Ce vieux renard de la diplomatie, Talleyrand disait lui-même : « Il y a quelqu'un qui a plus d'esprit que Voltaire et que Bonaparte, c'est tout le monde. » Tous, ils reconnaissent la supériorité de la raison générale ; tous avouent que l'humanité a plus d'esprit qu'un homme ; mais ce n'est rien de dire cette formule, il faut l'appliquer en particulier; et là tout disparaît. Ainsi, ce jeune homme dans sa famille dit, en parlant de son jeune frère : Ce n'est qu'un enfant; de sa sœur : Ce n'est qu'une femme; ou bien, en montant : Ce n'est qu'un homme; ou bien, C'est une classe ignorante; ou bien, Ce n'est qu'une minorité; et puis, quand on calcule avec lui, il dit : Ce n'est qu'une majorité. Continuons toujours en montant, tel empereur de vingt nations dit : Ce n'est qu'un peuple.

Voilà la contradiction universelle entre la théorie et la pratique.

Le grand intérêt de ce temps, c'est que ce respect spéculatif pour la raison générale passe de la formule à la pratique, du mot à la réalité. Cette généralité que vous acceptez, de quoi se compose-t-elle? Des individus, que vous excluez un à un.

Nous parlions d'un empereur. Eh! bien, élevons-nous plus haut qu'aucun empire, à la hauteur d'un monde ; voyons comment un monde s'est trouvé de ce mépris des faibles. Le monde romain, ferme sur son prétoire, sur ses cent légions, entend quelque chose un matin : « Quel est ce petit bruit?... Ah! ce sont ces vaincus, ces esclaves, un Virgile, un Térence, un Épictète. Ce sont les chrétiens... Ce ne sont que les esclaves. » Petit bruit, mais l'effet est grand. Ce monde invincible est miné en dessous, rongé comme un vaisseau de ligne qui défiait les tempêtes ; et, un matin, rien n'y tient plus, il va sombrer, mangé qu'il est d'un ver imperceptible... Dites maintenant : Ce ne sont que les esclaves.

Ces esclaves, ces chrétiens, ils triomphent. Maîtres du monde, et du monde de l'esprit, ils tiennent l'intérieur ; d'où viendrait la ruine?... Il y a cependant encore quelques raisonneurs qui, au lieu de recevoir une foi toute faite, veulent s'en *choisir* une. C'est le sens du mot *hérétique*. On brûle, on tue, et les cendres au vent. Qu'importe? ce ne sont que quelques hérétiques, une minorité, tuons-la !... Et elle multiplie ; enfin, il faut bien le voir, c'est la majorité, c'est la totalité, car c'est l'esprit humain… Il veut *choisir* sa foi.

Il faut donc bien faire attention, vous le voyez, quand on commence à dire : les minorités ; il se trouve quelquefois par hasard que ce sont les majorités. Il ne faut jamais dire : Ce n'est qu'un homme, ce n'est qu'une classe, ce n'est qu'une femme, ce n'est qu'un enfant.

Messieurs, le plus grand homme du monde était un homme. Or, il eut une femme, et un jour il voulut en changer. Grande douleur, larmes, cris. Il dit : « Ce n'est qu'une femme. » Vous n'avez pas vécu du temps de l'Empire, Messieurs ; mais moi j'y ai vécu : j'étais enfant alors. Je vous dirai que c'était un temps où personne ne parlait. L'Empereur avait fait toutes choses, vous savez ; il changeait l'Europe, supprimait des nations, il jetait la République par la fenêtre. Personne ne parlait : silence profond. Un matin il voulut renvoyer sa femme ; tout le monde parla. Voilà dans chaque ménage une discussion qui commence. J'ai entendu cette polémique entre le mari et la femme. L'homme disait : « Elle ne lui donne pas d'enfants. Elle a eu quelques torts. Il eût pu divorcer en revenant d'Égypte.—Mais il ne l'a pas fait, disait la femme.—Pourquoi pas maintenant? L'Empereur est tout seul. Ne faut-il pas qu'il se rallie des familles puissantes? son isolement est celui de la France.» —A quoi la femme, sans discuter, répliquait simplement: « N'importe, cela ne lui portera pas bonheur. —Et pourquoi?—Cela ne lui portera pas bonheur.»

L'Empereur passa outre. Il dit à Joséphine : « La politique n'a qu'une tête, elle n'a rien au cœur. » Elle insinua pourtant avec timidité que cette tête... pouvait se tromper.

Si Joséphine, si les femmes avaient pu librement parler, elles auraient dit à l'Empereur : « Pourquoi allez-vous chercher si loin chez les barbares, en Russie, en Autriche? Gardez votre foyer. Vous avez fait tant de chemin, que, pour le mesurer, il ne vous reste plus qu'une seule chose du point de départ. Vous avez biffé les lois, chassé la représentation nationale, brisé la Presse, fait des valets de vos camarades. Que reste-t-il en ce palais? Une femme qui rappelle Bonaparte à Napoléon.... Lorsque vous partez pour la guerre, lorsque, sans la prévenir, vous descendez la nuit, vous la trouvez déjà assise dans votre voiture. Qui sait si dans cette pâle image de la France d'alors, vous n'emmenez pas la victoire?.... Vous allez échanger des anneaux d'or avec une fille d'empereur, que ferez-vous de cette bague de fer que Joséphine vous donna au mariage, qui portait écrit : Au destin. »

A ces paroles des femmes, les politiques auraient pu ajouter : Vous vous moquez des idéologues ; rappelez-vous que les idéologues, il y a soixante ans, les deux amis de Voltaire, MM. d'Argenson, sous Louis XV, prirent pour base de leur politique que la France ne devait jamais s'allier, selon la tradition du cardinal Dubois, à l'Angleterre, jamais s'allier, suivant la politique adoptée ensuite par Choiseul, à l'Autriche; que la France était une idée, qu'elle ne devait s'appuyer en Europe que sur une idée créatrice, sur ce qu'elle fonderait elle-même : la République de Pologne, la République d'Italie.

L'Empereur n'écouta ni les femmes, ni les politiques. Vous savez les résultats. Il épousa l'Autriche, laissa la Pologne impuissante, et, s'appuyant sur une base si peu sûre, il s'enfonça dans l'inconnu.

Je reviens encore à mon texte. Il ne faut pas dire : Ce n'est qu'une minorité, ce n'est qu'une classe ignorante, ce n'est qu'un homme, une femme, un enfant.

Un enfant! c'est beaucoup, c'est l'inconnu, l'indéfini, le rêve, et par éclairs, c'est la sagesse. Lisez la belle histoire, certainement vraie, de Daniel enfant, réformant les vieillards, les mages de Babylone. Lisez l'histoire de la Pucelle d'Orléans, presque enfant, quand elle apparut ; on disait d'abord qu'il fallait la renvoyer à son père, cette petite fille, « largement souffletée. » Et elle seule vit le nœud de la situation, qu'il fallait, à travers tout le royaume en armes, mener le Roi sacrer à Reims, et elle l'y mena elle-même.

C'est donc quelque chose qu'un enfant. Qui n'a vu, dans les classes laborieuses, combien l'enfant est souvent au-dessus de l'homme? Il n'est pas encore déformé, abaissé par l'excès du travail. Il est au moins égal au fils du riche. Nous sommes tous égaux à la naissance et à la mort. L'esprit de prudence, de finesse, parfois de ruse, est remarquable dans nos vieux paysans ; sauf quelques mots qui paraissent naïfs et souvent aident à mieux tromper, ce sont des diplomates en sabots. Vous savez le proverbe qui exprimait cette égalité : « Vieux paysan, vieux courtisan. »

Messieurs, examinons bien l'état de la France aujourd'hui, et voyons, je vous prie, une différence bien saillante entre le ménage riche et le ménage pauvre. Dans le ménage pauvre, malgré quelques brutalités, la femme dirige et gouverne; dans le ménage riche, elle est exclue des affaires. Exceptez de ceci les dames de commerce, classe intermédiaire, extrêmement intelligente, qui manque à toutes les nations, qui ne se trouve qu'en France.

Dans les classes pauvres, la femme gouverne le ménage. Le samedi soir (rien n'est plus curieux et plus intéressant à observer), au moment où la paye arrive, au moment où l'homme fatigué, épuisé, ennuyé, n'aspire qu'à l'oubli, c'est-à-dire à boire, à ce moment, la femme n'oublie pas : elle le suit comme une lionne (il s'agit du pain des sept jours, du pain des enfants); quelles que soient ses brutalités, elle ne lâche pas prise; et, par force ou par caresse, de manière ou d'autre, elle lui prend ce qu'il a, et quand elle le lui a pris, elle lui fait sa part, la lui donne. On peut dire, en général, que la femme pauvre, c'est la providence de la famille. La raison pour laquelle ces classes ont vaincu les malheurs, survécu à travers tant de siècles, c'est l'énergie singulière de la femme pauvre et sa domination dans un ménage, rude, orageux, mais où le mari, en général, est soumis par l'intelligence et la volonté. (Applaudissements.)

Au contraire, dans les classes riches, la femme est exclue des affaires. Ce n'est pas précisément que le mari le veuille; mais la complication, l'obscurité des affaires, l'abstraction des lois, les chiffres, le pénible débrouillement des intérêts financiers, effraient la femme. Au premier coup-d'œil, elle dit : Je ne connais pas cela; je n'en veux pas; je ne peux pas, etc. En général elle a tort ; car derrière ces chiffres qui sont là comme une haie d'épines devant une porte, une haie qui menace et montre des pointes, derrière ces chiffres, il y a des questions de bon sens, très-simples, que les femmes résolvent souvent mieux que les hommes. Pourquoi? Le voici : C'est que les hommes ont d'avance des systèmes, des partis pris, des orgueils engagés, même des réminiscences d'énergie militaire, bien ridicules dans des affaires de chiffres; ils veulent livrer une bataille, hasarder quelque chose; ils hasardent sans hasarder, car ils ne hasardent rien d'eux-mêmes; ils ne hasardent que le pain de leurs enfants. (Bravos.)

Je crois que si, dans de tels cas, les femmes surmontaient leur horreur des affaires, si elles regardaient, elles verraient tout de suite, et si elles voyaient, elles exigeraient (quand elles veulent elles ont plus de volonté que les hommes), elles exigeraient plus de prudence. Je parle avec l'impression profonde et triste de l'année 1847 et des débâcles immenses qui ont eu lieu par l'absence d'une chose qui existait autrefois, qui n'existe plus aujourd'hui : le conseil de famille. Autrefois beaucoup de choses se discutaient en commun, autour de la table du soir; le père, le grand-père, la mère, la femme, tous donnaient leur avis, et il en résultait un ensemble. Aujourd'hui il n'en est plus ainsi. Ce n'est pas la faute précisément de l'homme, c'est la faute de la spécialité qui est devenue très-étroite, qui, dans les affaires et dans les lois, devient abstraite et difficile. Le résultat, c'est que la femme abdique, c'est que même les grands parents, qui pourtant ont souvent une expérience immense, qui ont vu plus de choses que ceux-ci n'en ont vu et peut-être n'en verront jamais, les grands parents abdiquent aussi ; tout repose alors sur une seule tête, sur un seul homme, jeune, un peu hasardeux, et qui se croit d'ailleurs une forte tête, qui hasarde et qui perd.

Et dans les affaires politiques, où, pour ne rien dire de plus, nous avons ce triste spectacle de voir les plus sages traîner dans des questions secondaires, s'acharner à telle bagatelle, oublier, négliger ce qui fait la base de tout, croyez-vous que les mères de famille, si on les eût un moment consultées, n'auraient pas vu tout d'abord une question de cœur et de bon sens, la question préalable à toute politique? Quelle?

L'enfant. La providence nationale sur l'enfant, par la crèche, l'asile et l'école. Voilà ce qui précède tout. La nation des hommes se réformera-t-elle? Je ne sais. Mais je crois que les femmes auraient mieux vu que nous, que le premier intérêt, c'est la nation qu'on peut former encore, le peuple des enfants que nous négligeons aujourd'hui, et qui demain seront la France.

Il y a soixante ans qu'on l'a dit, Turgot l'a dit : « Avant l'État, la municipalité ; et avant la municipalité, il faut organiser l'école, l'enfant ; c'est le commencement de toute chose. »

Messieurs, ceux qui ne tiennent pas compte de l'enfant, de la femme, des classes qu'on appelle ignorantes, que j'appelle instinctives, et qui, outre l'instinct, l'inspiration, ont pour elles la dure expérience, ceux-là, dis-je, ne sauront rien de l'avenir.

L'avenir! l'avenir! Ce que nous voudrions connaître, ce que nous rêvons, croyons entrevoir parfois dans un jour sombre, et qui nous fuit, nous trompe, rentre encore dans la nuit... A qui donc le demanderais-je?

Le mathématicien me dira froidement : « Quoi de plus simple ! construis bien ta formule, qu'elle soit d'abord toute d'éléments identiques, puis, exacte comme calcul : te voilà, pour tous les cas semblables, armé de prescience... »

A quoi le physicien ajoute : « Douter, chercher, pourquoi? La nature procède toujours semblable à elle-même. Le soleil se lève aujourd'hui, il y a des millions à gager qu'il pourra se lever demain. A son défaut, d'autres soleils, un autre système planétaire. »

Mais à l'un, mais à l'autre, le monde moral est forcé de dire : Non.

Non, la formule historique n'est point d'éléments identiques, comme celles d'arithmétique et d'algèbre, elle est mixte de quantités, qualités, puissances différentes.

Non, le soleil moral, le jour du monde civil, ne luira pas semblable... J'espère bien, je crois bien, et c'est ma ferme foi, qu'il nous viendra meilleur.

Le monde physique est le même; il peut changer de forme, mais la science qui le poursuit, qui ne lâche pas prise, le rejoint, le retrouve, en quantité et en substance, comme l'a dit si bien Lavoisier. Mais le monde moral! oh! Messieurs, quelle grande différence! il est son créateur, et sans cesse il tire des abîmes féconds de sa profonde volonté, de sa puissance infinie d'action, de passion, ce monde, il crée des mondes!

Il ne s'agit donc pas, comme dit le physicien, d'une nature créée [1], qui procède toujours semblable à soi-même, mais bien d'une nature qui se crée tous les jours, qui se fait tous les jours, d'une puissance mystérieuse, insondable, divine, terrible, qu'on appelle la volonté. Est-ce que vous ne voyez pas que le fleuve du genre humain s'en va s'élargissant, que de siècle en siècle il reçoit des affluents inconnus? C'est comme dans l'Amérique du Sud, dans ces grandes rivières

---

[1] Ce qu'on dit ici du monde physique est relatif, bien entendu. La création successive est commune aux deux mondes. La nature *inorganique* opère la sienne généralement avec une infinie lenteur. Quant au mouvement créateur de la vie *physiologique*, incessant, comme celui du monde *moral*, il n'en a pas la profonde spontanéité. — La spontanéité *morale*, de tous les faits le plus certain pour nous (puisque c'est nous), le plus simple à l'observation, se marque d'ailleurs à deux signes, malheureusement incontestables, qui sont de l'homme, et non de Dieu : Le caprice et le mal.

des Amazones ou de la Plata, qui ont je ne sais combien de lieues de large, on voit de distance en distance arriver des rivières dont personne n'a connu la source. Voilà l'histoire. Calculez maintenant un problème pareil, qui va toujours se compliquant d'∞ et d'éléments imprévus.

Au moment où je vous parle, il éclôt peut-être, ici même, une volonté ; une volonté, si elle est forte, durable, c'est une création.

Voilà ce qui fait la grandeur et le terrible du spectacle : une création incessante.

Spectacle toujours nouveau ! A mesure qu'il se fait, l'histoire et la philosophie regardent, enregistrent... Mais quelle serait donc leur audace, si elles affirmaient qu'elles voient déjà ce qui monte à la vie ?

On peut dire, dans la petite mesure des probabilités que nous donne notre petite expérience d'hier : Nous serions tentés de croire que la grande expérience de demain ressemble un peu à celle de la veille. Voilà dans quels termes il faudrait parler.

L'Empereur, Messieurs, n'a rien prévu de l'avenir ;

des hommes antérieurs et aussi grands, au moins, les César, les Alexandre, n'avaient pas prévu davantage. La seconde vue des poëtes porte plus loin, mais elle est si confuse ! Voyez Shakespeare, qui a si puissamment vivifié les légendes du nord, il a eu des lueurs que nous serions tentés d'appeler prophétiques; nous disons : Oui, cela nous ressemble... Ce n'est pas là pourtant la prophétie.

L'Empereur a eu dans certains moments des pressentiments, des inquiétudes vagues; il sentait sous ses pieds des choses qui s'agitaient, qui n'étaient pas de lui, et il en éprouvait de l'indignation et de la colère; il lui arriva un jour de dire à quelqu'un : « Que parlez-vous de peuple, de nation ? Un peuple ? un peuple ? je vois un gouvernement, je vois des autorités, je vois une armée... Le reste, grains de sable ! »

Grains de sable? Sans doute, des atomes; il est clair que si ces atomes étaient déjà organisés, ce ne serait pas l'avenir, ce serait le présent; alors, il n'y aurait pas besoin de prévoir, il suffirait de voir. Quand on dit prévoir, il est clair qu'il s'agit d'un monde qui n'est pas organisé encore. Il faut voir dans le monde non organisé; c'est là la question. Mais si l'on ne voit pas, on peut du moins entendre; et s'il eût écouté, ce grand homme, sur cette mer de sable, pour parler comme lui, il aurait tout au moins entendu ce que nous entendions tous, nous enfants, un soupir!

Je ne fais pas ici le procès aux hommes d'action. Je sais trop bien que, dans ce fracas d'affaires, de batailles, parmi tant de choses qui viennent heurter chaque jour à la porte, on ne peut pas entendre tout. Mais enfin, Messieurs, ce soupir, cette voix indistincte du battement du cœur, c'est du cœur qu'on l'entend. Et quels sont ceux qui entendent? Ce sont ceux qui inclinent l'oreille et le cœur, ceux qui recueillent cette voix basse, qui la consultent, qui s'inquiètent des faibles et des petits, ou plutôt ce sont ceux, pour parler un langage d'homme, qui ne connaissent pas de petits, ni petits, ni grands; ceux qui, dans un sentiment profond et vrai de l'égalité, voient comme identique la raison des uns, l'inspiration des autres; c'est la même chose sous forme différente.

Messieurs, quand nous cherchons ensemble l'avenir, cet avenir qu'aucune science humaine ne donnera, nous savons du moins où il faut prêter l'oreille, et de quel côté. Qui grandit? L'enfant. Qui soupire? La femme. Qui aspire et montera? Le peuple.

C'est là qu'il faut chercher l'avenir.

Le jour même où j'ouvris mon cours, jeudi 16 décembre 1847, je dis, en entrant dans la salle, plus agitée qu'à l'ordinaire : « J'aperçois dans cet auditoire plusieurs personnes intéressées à compromettre le cours. »

Je n'ai pas cru devoir imprimer ce mot dans ma première leçon ; mais huit cents personnes l'ont entendu et peuvent en témoigner.

Je ne doutais nullement que je n'eusse peu de temps encore à enseigner. En mesurant nos progrès dans la réaction, je m'étonnais plutôt que les promesses faites depuis longtemps au parti-prêtre, spécialement depuis 1843, ne fussent point encore accomplies. Dans cette attente, je crus devoir imprimer mon cours, en étendre la publicité, pour ce peu de temps qui restait ; je voulais ensuite qu'il fût bien établi que la suspension, si elle était prononcée, n'aurait aucun prétexte raisonnable.

Il était curieux de savoir comment on s'y prendrait. Les prétextes, trouvés pour Mickiewicz, et Quinet, ne pouvaient plus servir ici.

On sait que Mickiewicz, professeur en titre à Lausanne, appelé par la promesse d'un titre définitif à Paris, n'en eût qu'un *provisoire*, sous le prétexte qu'il était étranger. Mais M. Rossi, et bien d'autres, l'étaient au moment de leur nomination. Appel inhospitalier ; on invitait l'Homère du Nord au foyer de la France, et à peine arrivé, on lui disait : « Vous n'êtes point d'ici. » On lui faisait quitter un abri sûr, un asile d'adoption, pour une hôtellerie ; on le faisait asseoir sur un siége brisé d'avance.

Quant à Quinet, le procédé fut autre. Pour la

première fois depuis trois cents ans, le ministre biffa le programme d'un cours du Collége de France, le programme qui dit en un mot le sens du cours, la tendance et l'esprit. — Or, c'est l'esprit qui faisait peur. L'esprit biffé, on dit au professeur : « Allez maintenant, professez des paroles.... »

Le mot d'*institutions* avait fait fermer le cours de Quinet. Le mot d'*union sociale* sonne plus mal encore à certaines oreilles ; il devait faire fermer le mien.

Le dimanche 2 janvier 1848, à dix heures du soir, j'appris ma suspension par une lettre de M. Letronne, administrateur du Collége de France. L'acte ministériel était remarquable en ceci surtout, que le ministre en déclinait en quelque sorte la responsabilité, disant n'agir qu'*en vertu d'une décision du gouvernement*.

Le lundi soir, j'écrivis à M. l'Administrateur la lettre suivante, que les journaux ont reproduite :

Monsieur l'administrateur,

J'ai reçu la lettre par laquelle vous m'annoncez « que M. le ministre de l'instruction publique, en vertu d'une décision du gouvernement, a suspendu mon cours, et qu'en exécution de cet arrêté vous devez fermer la salle ».

Nulle explication du ministre qui motive la décision du gouvernement.

J'en suis réduit aux conjectures sur ce mystère d'en haut. Mes leçons n'ont jamais été plus paisibles. Nul désordre, moi présent, n'a troublé mon cours. Il est sténographié, publié ; on peut juger de ses tendances.

Serais-je frappé pour tel acte qui m'est étranger, qui se serait passé avant ou après l'une de mes leçons ?

S'il en était ainsi, tout professeur serait placé dans une condition bien misérable et bien précaire, pouvant être accusé, suspendu au plaisir de ses ennemis.

Par exemple, au moment de l'année où des chaires de mensonge tonnent librement contre la philosophie, le premier émissaire des jésuites pourrait compromettre et briser la seule chaire retentissante que la philosophie garde encore.

Ou bien, sous les yeux même d'une police nombreuse et très-reconnaissable, un jeune homme inconnu ferait impunément telle manifestation que cette police n'eût tolérée nulle part.

Pourquoi chercher ou créer des prétextes? Pourquoi vouloir donner la couleur d'un événement fortuit à ce qui est le dernier terme d'une progression régulière et prévue ? De Mickiewicz à Quinet, et de Quinet à moi, c'est un coup d'Etat en trois coups.

Mickiewicz avait allumé un flambeau sur l'Europe, fondé le mariage des peuples, civilisés, barbares, de la France et des Slaves. Quinet avait donné la profonde unité des questions littéraires, politiques et religieuses, identiques au foyer de l'âme. Moi, j'avais, dans la chaire de morale et d'histoire, commencé une œuvre morale entre toutes, j'ose le dire, *humaine*, abordé le sujet du temps : *l'unité morale et sociale;* pacifiant, autant qu'il était en moi, la guerre de classes qui nous travaille sourdement, écartant les barrières, plus apparentes que réelles, qui séparent et rendent hostiles ces classes dont les intérêts au fond ne sont pas opposés.

Là, j'ai été frappé, je devais l'être. Ce qu'on appelle *Le Système* (à tort, ce n'est *qu'une force*) n'a vécu, profité que de nos divisions, de la peur insensée que nous avons les uns des autres. Que doit-il craindre ? Le rapprochement, la pacification des classes, l'unité. Notre guerre est sa paix, notre paix est sa guerre.

Maintenant, qu'elle soit fermée cette salle, tandis qu'on ouvre des tribunes ou des chaires aux ennemis de la pensée ; elle n'en a pas moins enseigné, répandu, par le génie de mes amis, par ma grande et sincère volonté (je me rendrai ce témoignage), un esprit d'unité nouvelle qui ne périra pas demain.

Agréez, etc.

J. Michelet.

3 janvier 1848.

Profond silence des journaux ministériels. La suspension n'est encore connue du public que par ma réponse à l'Administrateur.

Le haut enseignement ne pouvait être ainsi étranglé silencieusement par ces muets.

Les Écoles firent une protestation modérée, énergique.

Le 6 janvier, quinze cents personnes, étudiants, auditeurs du Collége de France et autres, me firent l'honneur imprévu de venir m'exprimer leurs regrets. Absent ce jour, comme tous les jours (j'étais aux Archives du royaume), je ne pus les recevoir. Je leur adresse la réponse suivante :

A MES AUDITEURS.
AUX ÉLÈVES DES ÉCOLES.

Messieurs,

La triple chaire de l'Unité moderne devait être condamnée au silence par les ennemis de l'Unité. La chaire de morale et d'histoire devait spécialement alarmer le jésuitisme politique et religieux.

Quoi de plus contraire à ce que nous voyons que l'enseignement de la morale, de plus séditieux? Et l'histoire?... Ah! l'histoire, rien de plus terrible, Messieurs. Elle montre au miroir du passé des lueurs d'avenir. Et l'on craint l'avenir, on ne veut point d'avenir; on en écarte, tant qu'on peut, ses yeux et sa pensée, « comme si l'on pouvait l'anéantir en n'y pensant pas. »

Nous entrons, Messieurs, dans une époque difficile, époque d'étouffement, de violence, de silence. La parole étouffée, nous nous réfugions dans la Presse; là, nous tiendrons tant qu'il y aura une Presse. Ce que nous pouvons du moins promettre, c'est que vous y retrouverez le même homme, la même fermeté d'opinion, la même constance.

Vous avez protesté pour l'histoire et pour la morale, Messieurs, je vous en remercie.

Votre manifestation solennelle, l'insigne honneur que vous m'avez fait de venir chez moi, s'adresse à l'homme, je le sais, moins qu'à la question. Les puissants, les anciens du peuple, redoutent la morale historique, et la jeunesse déclare noblement qu'elle la veut, forte, austère, élevée; elle reconnaît qu'un tel enseignement fut selon son cœur.

Eh bien! Messieurs, en mettant la main sur le mien, je le dirai, hardiment, oui, j'en étais digne. Je méritais cet aveu de votre part, sinon par le mérite de mon enseignement, au moins pour deux choses, bien certaines, que je sens en moi : J'aimais la vérité, et je vous aimais.

J'aimais ce grand et noble auditoire, unique au monde pour l'intelligence rapide, qui comprenait toujours au premier mot, souvent d'avance, où la parole semblait à peine nécessaire, où ma pensée, indiquée seulement, me revenait plus vive dans l'éclair du regard.

Que de fois sur cette assemblée j'ai vu passer le souffle de l'esprit, et poindre l'avenir, l'aube du temps qui vient, une France meilleure!...

Que vous rendrai-je, Messieurs, pour ces moments d'espoir, pour les puissances fortifiantes dont vous avez, à votre insu, augmenté ma pensée?... Je vous donnerai ce que j'ai : ma pensée elle-même.

La constante pensée de mon cours pendant dix ans (1838-1848), je ne l'ai confiée encore à personne, nulle part formulée.

J'ai fondé ce cours d'abord en quatre ans par une forte étude des faits, créant, du quatorzième au seizième siècle, la liberté moderne, dont j'allais me servir, la libre vie morale, brisant la vieille autorité, la lourde chape de plomb où elle étouffait l'homme.

Le tout concentré, en esprit, dans un cours philosophique (1842), sur l'idée générale de la vie historique.

Reprenant (1843-45) cette œuvre de guerre et de paix, cette destruction fondatrice, j'ai montré que le moyen-âge lui-même, quel qu'il fût, n'était nullement le père du mouvement jésuitique, qui s'en dit le fils légitime.—Ayant ainsi deux fois détruit le Faux, détruit en lui, détruit dans sa tradition, j'ai mis la main au Vrai, expliqué l'œuvre de la nouvelle Église religieuse et politique, montré comment elle amenait au dix-huitième siècle son premier essai, la Révolution.

Cette année donc, j'arrivais pour la seconde fois aux conclusions philosophiques. En 1842, Philosophie de l'histoire; en 1848, Philosophie sociale. La première regardant le passé, le couchant; la seconde tournée vers l'aurore.

Tout le cours de cette année, sur un seul point, le point essentiel : **Le divorce moral, social, les moyens de réunion.**

Divorce bien plus grand qu'on ne croit. Trente millions d'hommes, sur trente-quatre, restent étrangers au mouvement de la pensée commune; les lettrés font pour les lettrés des livres, des journaux, des drames; c'est comme un cercle enchanté où la petite nation travaille à l'insçu de la grande. Il faut franchir le cercle.

Et comment le franchir? par un élan du cœur.— Qui le fera? Celui qui a encore un cœur, le jeune homme surtout, qui, n'étant pas encore le serf de la fortune, met la sienne dans la fortune de la France, dans l'unité de la patrie.—Quels moyens? La parole fraternelle, qui sans intermédiaire, va, chaude et vive, au cœur; et la même parole écrite, un nouveau mouvement littéraire, un large esprit, ni lettré, ni peuple, mais France; des livres écrits pour tous, un théâtre pour tous, etc.

Tel est l'esprit général du cours. La première leçon dit le divorce;—la seconde, que pour y remédier, il vous faut, jeunes gens, vous rapprocher du peuple, que vous-mêmes en avez besoin ;—la troisième, qu'il faut mettre bas l'orgueil, tenir compte des faibles, ne pas dire : « Ce n'est qu'un enfant, une femme, une classe ignorante, etc ;—la quatrième (qui répond à une objection) enseigne que l'extérieur, que la rudesse ou la vulgarité ne doit point arrêter ; elle dit ce que c'est que vulgarité et vraie distinction, etc.

Voilà jusqu'ici mon enseignement.

Et je continuerai, Messieurs. Toujours, jusqu'à la mort, j'irai versant mon cœur. Je ne vous manquerai jamais. Hors vous, qu'ai-je donc en ce monde? Je n'ai, je ne veux rien de plus.

Je ne vous manquerai point; mais vous me manquerez.

L'inspiration que, chaque semaine, je reprenais en vous, je la perds. Ces rapides, et pourtant si fécondes communications, il faut y renoncer.

Tel pourtant m'anima; tel m'arrêta, m'éclaira, sans s'en apercevoir. Bien des choses, hasardées dans mes livres, se sont rectifiées dans mes cours, mises à leur vraie mesure. Cette critique me manque, celle du sens, si droit, si ferme et si fin de la France. Et dans quelle bienveillance, je la trouvais en vous !...

Que l'inspiration désormais me manque, ou la critique, vous me lirez encore, Messieurs, et par un indulgent ressouvenir des heures passées ensemble, et par l'étroite communauté d'esprit où nous nous retrouverons toujours dans les voies de la liberté.

J. Michelet.

7 janvier 1848.

QUATRIÈME LEÇON.

6 Janvier 1848.

(LEÇON NON PROFESSÉE.)

Mission du jeune homme comme pacificateur social. De son intervention entre le riche et le pauvre. Il faut qu'il aime et pratique sincèrement l'égalité.—La haute distinction morale est de niveau avec toutes les classes. — L'homme supérieur rassure. — De la vulgarité. —De la distinction. De la distinction anglaise. De la distinction française. — Du peuple de Paris. Vulgarité, distinction du peuple de Paris. Ce peuple qui vit si peu, conserve une chose fixe : le sentiment national.

Messieurs,

Rome confiait volontiers au jeune homme une noble tâche sociale, celle de l'accusation,—la haute accusation politique, la poursuite des grands coupables, qu'on osait à peine attaquer, des préteurs, des proconsuls, des tyrans des provinces. C'était lui supposer non-seulement un grand courage, une incorruptible énergie, mais aussi cette inaltérable pureté de caractère qui donne force à l'accusation.

Et moi, Messieurs, je voudrais confier encore au jeune homme une mission plus haute, celle de la pacification sociale.

C'est qu'apparemment je lui suppose non-seulement un ardent amour de justice que nul intérêt n'altère encore, mais aussi, mais surtout, une magnanimité naturelle à décider contre lui-même, une noble balance, inégale, injuste à son propre intérêt.

Qu'on ne vienne pas me dire ici que nous aurons demain ou après-demain des lois si justes, que, tous les droits étant parfaitement égalisés, ajustés, alignés, on n'aura plus que faire de sympathie, de magnanimité; que les hommes seront dispensés d'avoir du cœur, la loi seule en aura pour tous.

Je dirais à cela que notre grande mère, dont nous devons toujours repasser en nous les exemples, la France de la Révolution, en même temps qu'elle améliorait les lois (au point que les procès diminuèrent, dit-on, des deux tiers), elle mit cependant à côté des lois, et pour empêcher même qu'on n'eût besoin des lois, un tout petit tribunal d'équité, un simple et bon arbitre, qui tranchât tout d'abord le nœud de la dispute, l'empêchât de faire un procès. Et cet arbitre d'équité, elle le baptisa d'un nom nouveau, d'un nom fait de deux noms, que le moyenâge n'aurait jamais compris, jamais associés : *Juge-de-paix*; la justice, en ces temps, était une guerre.

Eh! bien, Messieurs, c'est un juge-de-paix qu'il nous faut ici, non *civil*, mais *social*, un arbitre volontaire qui se propose aux deux partis, un bienveillant prud'homme, mobile, sans tribunal ni siége, allant des uns aux autres, les faisant s'expliquer, s'entendre, empêchant les malentendus, qui sont tout au moins la moitié des disputes humaines; la moitié? peut-être le tout.

Mais, quoi? si cet arbitre empressé n'était accepté de personne? repoussé du riche, du puissant, endurci dans son égoïsme, repoussé du pauvre, trop fier pour rien vouloir que par justice, et s'obstinant à attendre les lois.

Non, j'ai meilleur espoir. Et d'abord, du côté des

riches, des gens aisés, ne remarquions-nous pas, dans notre dernière réunion, l'ascendant, trop grand quelquefois, que le jeune homme prend dans sa famille, au retour surtout des écoles et de la grande ville où il a étudié ? comme il est admiré, consulté, cru sans difficulté et sur parole? quelle ferme foi sa mère a en lui ! Son père même, qui a vu, fait bien des choses, dans nos temps agités, il ne laisse pas d'avouer que ceux-ci en savent davantage, qu'ils ont une culture bien autrement variée ; la moindre teinture des sciences naturelles et physiques, si complètement ignorées de la génération précédente, leurs rapports pratiques avec l'industrie, la vie commune et toutes choses, elle donne au jeune homme un avantage que le père lui-même se plaît à reconnaître ; elle l'habitue à croire, à consulter son fils. Même en toute autre matière, pour peu que le jeune homme ne soit pas trop léger, il deviendra sans peine une autorité dans la famille.— Qu'il l'emploie donc cette autorité et qu'il en fasse un noble usage. Qu'il devienne au foyer, à la table du riche, comme un magistrat pour le pauvre, la voix de la justice dans une bouche irréprochable encore.

Qu'il veille la limite, empêche le champ paternel, le champ du fort, de marcher vers le champ du faible. Qu'il regarde au salaire et le fasse établir, non aux rabais de la concurrence, mais aux besoins de l'homme. Qu'il soigne l'honneur de son père et ne le laisse pas plaider contre le pauvre au tribunal des riches ; le prud'homme naturel ici, et le plus juste, parce qu'il est le plus généreux, doit être le fils de la maison.

« Mais l'autre partie, dira-t-on, acceptera-t-elle aisément cet arbitre? »—Je réponds : Oui, s'il le mérite.

Et ce oui, je le prononce résolument et sans hésitation, ayant pour moi les faits. J'ai plusieurs fois observé combien l'alliance est facile entre le jeune homme et le peuple, le jeune homme et le pauvre. Pourquoi? Pour deux raisons, dont le pauvre tient compte, sans se les trop bien expliquer.

Le fils du riche n'est pas un riche, n'est pas propriétaire encore ; il est pauvre, relativement; il dépend, il attend ; il reçoit, lui aussi, l'étudiant, comme un salaire de ses études, plus ou moins, comme il gagne : bien des questions de salaire s'élèvent aussi entre lui et la caisse paternelle.

Autre raison. Sa jeune énergie, la cordialité de son âge, sa facile ouverture de langage et de relations le rapprochent aisément du peuple. Tout-à-l'heure, il sera concentré, limité par le métier spécial ; ce sera un médecin, un avocat, un homme d'affaires ; aujourd'hui, c'est un homme. Il s'intéresse encore aux hommes.

Là, pourtant, se présente, il faut le dire, un grave obstacle. La spécialité nous saisit dès l'enfance ; nous sommes, de bonne heure, par une éducation subtile, resserrés dans un langage que nous croyons plus noble, mais qui est, à-coup-sûr, plus sec et plus abstrait. De là l'embarras du jeune homme, dès qu'il s'adresse aux hommes qui n'ont point ce langage, dès qu'il faut qu'il en parle un autre, il est d'abord gauche, guindé ; nulle communication possible. Comme il est fier, dit-on, *c'est un monsieur !* On se défie, on s'éloigne, ou du moins on se ferme ; l'homme ainsi en défiance ne laisse plus rien voir qu'une surface insignifiante, volontairement terne et vulgaire. Tout-à-l'heure vif, original, il met devant lui comme un voile, une barrière opposée au riche, la morne et commune apparence, le langage commun; c'est la classe seulement qu'il montre, ce qui est commun à cette classe, mais vous n'atteindrez jamais l'homme.

Quel remède à cela?

Le plus grand, le meilleur, et pour cela et pour bien d'autres choses, je l'ai dit la dernière fois; ce remède agira pour l'extérieur aussi bien que pour l'âme, pour les communications autant que pour les sentiments. Le voici, ce remède :

Aimez vraiment l'égalité.

En parole, en théorie? Non. En pratique. Ayez-en dans les moindres choses, minimes en apparence, un culte délicat et profond.

Je sais un homme qui, traversant l'hiver les quartiers indigents, met ses gants dans sa poche.

Voilà justement le remède; mettez vos gants en poche, puis, allez simplement, agissez simplement et parlez en homme à des hommes.

Vos gants, c'est-à-dire le beau langage, l'élégance, la mode, tout le mobilier de la vanité.

« Quoi! c'est donc la vulgarité que vous nous conseillez? Vous allez nous dire tout-à-l'heure qu'il faut, pour l'amour de l'égalité, acheter des habits au Temple et mettre des sabots? »

Cette objection n'est pas faite, à-coup-sûr, par ceux qui depuis longtemps s'entendent avec nous dans un même esprit; ceux-là savent si nous prêchons la barbarie ou la vulgarité, si nous attachons importance aux signes extérieurs, à ces ridicules ostentations de pauvreté.

Ce sont ceux du dehors qui font l'objection. Et à ceux-là, je dis : Vous ne savez donc pas que la très-haute distinction est étrangère à toute idée de classes. Le caractère, à un certain degré d'élévation, donne à l'homme ce privilége singulier d'être au niveau de tous, des petits et des grands, au-dessus des plus grands, dans la région où finissent les classes. Nos généraux de la révolution montèrent là tout-à-coup; le peuple, les suivant aux batailles, ne les trouva jamais changés, et pourtant la plus haute aristocratie de l'Europe envia leur noblesse.

Dans la fière chevalerie polonaise, la plus orgueilleuse du monde, le premier chevalier, l'héroïque, l'innocent Kosciusko, faisait d'une parole vibrer le dernier paysan. Et, chez nous, la sainte Pucelle, sortant de son village, étonna les princes et les rois de sa noblesse naturelle; elle parlait, et tous, rois et peuples, écoutaient, entendaient ; c'était la langue de Dieu.

Le langage des grands cœurs dérive d'une divine plénitude où tous peuvent puiser ensemble. Il descend de si haut, que naturellement, doucement, sans effort, sans qu'on en aperçoive, il monte comme une eau qui, cherchant son niveau, se retrouve à la hauteur des monts voisins du ciel. Et comme tous les cœurs se laissent élever dans ce flot, ils montent, eux aussi, sans deviner qu'ils montent; les voilà tous sublimes, à leur insçu, mais simples et dans la paix.

Ne jugez pas pourtant ceci, comme un effet de la nature. Non, c'est le miracle de l'homme, l'excellence de la volonté. — La volonté haute, pure et droite, qui est en de tels hommes, ennoblit tout ce qui les approche; il n'y a plus rien devant eux de rude, de vulgaire. Tous, loin d'être déconcertés, se relèvent, se rassurent. L'enfant, le peuple, va à eux, les entoure, n'est jamais assez près ; il se réchauffe à leur chaleur morale, il sent bien qu'il y a là une chose à lui, au peuple, au genre humain, le foyer de la grâce de Dieu.

Sans parler des purs et saints héros que je nommais tout-à-l'heure, le génie seul rassure; les hommes de génie ont cela qu'ils donnent confiance.— On sait cet invalide qui se troubla devant Louis XIV; les soldats de la Grande armée n'étaient nullement troublés devant Napoléon.

Le dirai-je? il m'est difficile de juger favorablement l'homme devant lequel les hommes sont moins hommes, se troublent, sont embarrassés, éprouvent crainte et défiance. A celui qui produit une telle impression, il manque certainement une force morale ; les forts sont ceux qui fortifient. La punition de celui qui impose, déconcerte, inspire défiance, c'est de ne rien voir dans les hommes, de les trouver vulgaires, stériles. Il se détourne avec dégoût, se confirme dans son aristocratie, dans sa noble impuissance.

Un jeune homme, distingué pourtant, un étranger, on le voit à sa lettre, qui témoigne d'une forte culture allemande, m'écrit qu'il a causé avec des hommes du peuple, qu'il n'en a rien tiré, que pour découvrir l'originalité populaire, le génie qui leur était propre, il lui eût fallu du génie. « Il m'a paru, dit-il, qu'ils parlent une langue toute faite, une langue commune, comme ils s'habillent chez les revendeurs, sans trop regarder si ces vieux habits iront à leur taille. Comment pourraient-ils se créer un langage ? c'est la chose la plus difficile. L'antiquité, pour une telle création, ne veut pas moins qu'un Dieu. »

Il y en a un ici, seulement il faut savoir l'observer, le saisir dans ses créations soudaines. Ce Dieu, c'est la Nécessité, la souffrance, qui, dans les natures énergiques ne se résout pas en molles plaintes, en larmes, mais éclate en voix vives et parfois vraiment inspirées. Ces clous, ces coins de fer, dont les anciens arment la Nécessité, ils ont cette vertu de faire jaillir des pensées, des paroles originales et neuves de la tête et du cœur des hommes.

Cette rude inspiration varie tout-à-fait d'homme à

homme, autant que la souffrance ; sous formes analogues, il y a ici, pour qui sait regarder, des différences infinies. Ce que nous y trouvons de bas ne vient nullement, comme le croit l'auteur de la lettre, d'imitation servile, au contraire, d'un effort continuel d'individualité, d'une recherche d'énergie, dont l'expression n'est pas toujours heureuse. Leur langue, en pleine paix, est celle d'un combat ; pourquoi s'en étonner ? Ils ont bien plus présent que nous le sentiment de nos grandes guerres, et leur vie de souffrances et d'efforts, leur vie précaire et toujours en péril, est une guerre contre la fortune.

Pour savoir ce que c'est que la *vulgarité*, il faudrait bien s'entendre sur l'idée opposée, la *distinction*, la haute et noble règle d'après laquelle on prononce l'anathème : *vulgaire, trivial, commun*. Mot terrible, funeste en ce pays ; meurtrier, car une chose commune, une classe commune, une personne commune, n'inspire plus aucun intérêt.

Le mot *distinction* d'abord est tout moderne, étranger aux anciennes, aux véritables aristocraties. Il s'applique aux signes variables, sur lesquels une société nouvelle et fort mêlée prétend reconnaître les siens.

Si nous voulons pourtant appliquer ce mot à l'ancienne France, qui ne le connut pas, nous dirons que la *distinction* française était légère, causeuse, parfois impertinente.—La *distinction* anglaise, que la France imite gauchement de nos jours, est taciturne, raide, insolente.

Imitation peu sensée, pour le dire en passant, dans une situation toute autre. — La taciturnité anglaise, ce singulier serrement de mâchoires, est une maladie assez moderne, inconnue aux Anglais de Shakspeare. Elle commence au puritanisme, se fortifie sous la pesante influence d'un monde de plomb (voyez l'insupportable famille de Clarisse Harlowe); enfin, elle va à merveille au nouveau gentleman, le fils de l'enrichi, le petit-fils du nabab, du marchand, qui, se lançant dans le haut monde, a trouvé dignité, sûreté, à ne rien dire; ses anciens, d'un degré, ne daignent lui rien dire non plus.

Pour revenir, nos grands seigneurs de France ne craignaient nullement de se compromettre en causant avec tout le monde. Ils n'étaient pas si loin qu'on croit du paysan. Le plus haut langage de cour, au XVIIe siècle, ne différait pas essentiellement de celui des campagnes, en certaines provinces, par exemple en Touraine. Le tourangeau parlait Rabelais ou Marguerite de Valois ; le seigneur parlait Sévigné. Au total, c'étaient deux Français, et n'eût été l'intendant, l'homme d'affaires qui se mettait entre, ils auraient pu s'entendre.

Ici, dans notre France améliorée, libérale, constitutionnelle, ce n'est plus cela : ce sont deux nations. Le seigneur actuel, émigré, ou fils d'émigré (membre du Jockey club), banquier, fils de banquier, qui a maison à Londres,—tranchons le mot, un Anglais, dans son habit anglais, sa politique anglaise, veut, par philanthropie ou curiosité, veut savoir un matin *ce que c'est que le peuple*. Ce peuple, c'est un Français, que l'honorable philanthrope, avec son habit étranger, son langage bâtard, ne rassure pas beaucoup. Il s'en défie, l'observe. La conversation n'est pas longue : le Français dit en lui-même : « C'est du 1815. » Et l'autre dit : « *Vulgaire !* »

Le *manteau lord Byron* est une mode passée depuis longtemps, et pourtant il en reste. Il est des jeunes gens arriérés qui, sur ce grand modèle, mettraient volontiers la haute distinction dans l'insociabilité anglaise, sans savoir que celle de Byron fut sa parfaite incompatibilité avec l'Angleterre même.

La France, le pays de la grâce, la France, qui, dans plusieurs de ses races du Midi, est l'élégance même, qui d'ailleurs offre au moins, par-dessus tous les peuples, la vigueur, la prestesse, l'attitude guerrière, la vraie grâce de l'homme, — accepte, tête basse, le reproche de *vulgarité*, et s'en va chercher l'élégance au pays des marchands et dans la raideur méthodiste.

La *vulgarité*, ce texte ordinaire où l'étranger triomphe, se répand avec complaisance, lui est suggéré presque toujours par ses observations superficielles dans les rues de Paris. — Il juge Paris comme une ville, une population identique. Mais Paris, c'est l'Europe, c'est le monde, c'est une initiation, où tout passe, tout vient se transformer. Indépendamment des quarante, cinquante mille voyageurs, qui y font un séjour temporaire, il y a cent et tant de mille étrangers établis et domiciliés; quatre-vingt mille Allemands entr'autres, je ne sais combien de mille Savoyards, Piémontais. Puis les réfugiés.—L'Anglais, l'Allemand observateur, les fait tous Parisiens ; il trouve que le type est varié ici, mais vulgaire au total; voyez celui qui passe... c'est un tailleur anglais, un bottier allemand.

Il faut songer que parmi les Français venus de nos provinces, par une émigration durable ou périodique, Auvergnats, Limousins, etc., beaucoup perdent l'originalité provinciale, sans prendre encore l'esprit du centre ; ils restent, au milieu, flottants, bâtards, sans caractère.—Les Méridionaux, dès qu'une fois ils ont *dé-gasconné*, s'assimilent très-vite au centre, trop vite quelquefois, perdant par un changement immédiat, beaucoup de gentillesse, d'originalité.

Les fils des provinciaux établis à Paris (ces fils font peut-être un tiers de la population) n'ont plus l'accent de la province, mais en gardent le type. Pour être nés à Paris, on ne peut dire que ce soient là de vrais, de purs Parisiens. — Ceux-ci font-ils la moitié de la population totale? C'est beaucoup. J'ai bien de la peine à le croire. Il faut beaucoup d'observation, une très-complète connaissance des provincialités françaises, pour en faire la distinction.

Et entre les vrais parisiens, combien de différences ! Notons les deux extrêmes : une bourgeoisie assez fixe, ancienne (qui connaît le père de son grand-père), et un peuple indigent, le plus éphémère dans sa durée moyenne, qui soit peut-être au monde. Il faut vivre dans les quartiers pauvres pour savoir avec quelle rapidité ce peuple est renouvelé. La naissance, la mort sont là, incessantes et rapides; chimie terrible, où la vie ne compose que pour décomposer. On a à peine le courage de leur reprocher rien, dans ce moment imperceptible qu'ils vivent entre le matin et le soir. Pauvre rivière qui va si vite! j'accuse un flot... il est disparu.

Ce fleuve vivant, dirai-je cette population? va fuyant, s'écoulant sous une triple action de mort : variabilité du travail, chômage et jeûne,—corruption (souvent involontaire, résultat fatal de l'abandon),—enfin et surtout la falsification meurtrière des denrées, l'empoisonnement quotidien.

Ce qui étonne, c'est que, dans ce passage rapide, l'homme (si tant est qu'il arrive là) a pourtant un caractère. Il ne faut pas le flatter, comme on a fait, en faire un poëme, une idylle. Celui qui arrive à vingt ans dans tel quartier, à coup sûr, est un homme laid ; il a passé par de terribles épreuves ; s'il vit, c'est qu'il vit de l'esprit. De là, l'éclair des yeux dans ces tristes visages, la parole amusante et vive, l'audace, une sobriété merveilleuse. Nullement alourdis par la mauvaise nourriture, comme sont l'Auvergnat, le Limousin, qui valent mieux sous d'autres rapports.

Ils ne jugent pas toujours très-bien des choses, mais des hommes à merveille. Ils les pénètrent de part en part, au premier coup-d'œil, les classent, les jugent, sans appel, et très-bien. Avec cette intelligence, ils ont en général plus de douceur qu'on n'attendrait de leur misère, de leur vie immorale et abandonnée. Dans les grandes effusions de sang, les massacres historiques qui ont eu lieu ici, Paris a eu très-peu de part ; ces fureurs en général furent celles d'autres hommes, venus d'ailleurs, plus rudes, plus violents, tels ou tels du midi. Ceux-ci, les montagnards surtout, sont souvent des barbares ; ils ne volent jamais le prochain, mais parfois ils le tuent ; les batteries à mort qu'ils ont entre eux font souvent horreur aux Parisiens.

Ce qui m'étonne surtout et m'intéresse dans cette population infortunée, mobile, fugitive, sous le souffle de la mort, c'est qu'une chose y est fixe, Messieurs. — Et laquelle? l'industrie? non, ils changent sans cesse de métiers. La famille? non, ils vivent en bohêmes. Mais au moins le deuil des frères, des fils qu'ils perdent tous les jours? bien moins qu'on ne croirait. Les misères de chaque jour rendent peut-être moins sensible, et le deuil qui succède si vite au deuil en émousse l'effet.

Non, une seule chose est fixe en cette onde vivante, en ce creuset mobile, où passe et repasse la mort. Messieurs, c'est justement ce qui flotte et varie dans nos classes supérieures : Le sentiment de la France. Il est là, à l'état de nature et d'instinct, inné, aveugle, indestructible. Vous obtiendriez plutôt du loup et du renard d'oublier l'instinct de la proie.

Je sais cela, Messieurs, et voilà pourquoi ces quartiers, tristes pour d'autres et repoussants, n'ont rien de tel pour moi. D'autres évitent, se détournent, prennent un plus long chemin. Et moi, je les traverse. Telle laideur, morale ou physique, me choque moins. Je pense en moi, je sais qu'en cette rivière trouble, la France, la Patrie pourtant, coule à pleins bords.

L'autre jour (j'allais aux Archives), plongeant du Panthéon dans les rues basses, humides et sombres, sur lesquelles surplombe l'École polytechnique, dans cette vallée d'enfer qui descend à la rue Saint-Victor, je roulais en moi tout cela. Il y a là des rues auprès desquelles la rue Mouffetard est aristocratie. Le soleil est aristocrate ; il n'y descend jamais.

Eh ! bien, Messieurs, passant, j'entends un petit dialogue ; pauvre chose, direz-vous, indigne de vous arrêter ; mais moi je m'arrêtai, du moins je ralentis le pas. Les interlocuteurs étaient une vieille femme qui venait d'acheter du charbon, des légumes ; d'autre part, un homme, dirai-je jeune ? ou vieux ? hélas ! un homme, il avait vingt ou vingt-cinq ans (en ces quartiers c'est tard). Voyant ce que portait la vieille, ces apprêts d'un festin inusité et disproportionné à leur régime ordinaire, il dit avec une admiration spirituelle : « Quoi donc? mère (une telle), *la Patrie est en danger?* »

Ainsi, dans ce quartier oublié, ignoré de Paris, la grande chose par quoi la France est la France, le départ de 92, est un proverbe encore!

Ce proverbe, où vit-il ailleurs ? Allez demander à la Bourse, à la Chaussée d'Antin, disons mieux, à la ville entière.

Grand jour ! sublime jour, de mémoire éternelle, où, le drapeau déployé sur nos places, le canon tirant de moment en moment, ces paroles solennelles furent dites et promulguées : « *La patrie en danger appelle ses enfants !*,... » Et quand elles furent dites, six cent mille hommes étaient inscrits !

Pour la guerre ? Non, c'est là la gloire unique de la France. Inscrits pour la délivrance, la paix universelle, inscrits pour le salut du monde.

Et qu'est-ce donc que nous avons eu de grand depuis lors ?... L'Empire ? Certes, l'Empire fut grand, et pourtant, l'Empire même, de Madrid à Moscou, est secondaire auprès.

Que le paysan s'en souvienne, que la légende nationale lui soit enfoncée dans le cœur, je le crois bien, je le savais, je n'en suis nullement étonné. Ici, grand Dieu ! c'est autre chose. Ce sont ceux qui ne vivent pas, qui ne durent pas, qui meurent, ce sont eux qui se souviennent. Et nous, heureux, paisibles, à qui tous les moyens de souvenir abondent, c'est nous qui oublions.

Je rentrai humilié et le cœur plein de larmes.

Ah ! pauvres quartiers de Paris, qui osera jamais vous dire *vulgaires*, quand vous avez, dans votre effroyable et meurtrière mobilité, conservé, tenu ferme, l'immuable trésor de la France ? — Et nous, *distingués, non vulgaires*, nous allons imitant, copiant, mendiant par l'Europe, dans notre indigence de cœur. Européens ! cosmopolites ! humanitaires ! etc. Nous pouvons nous vanter ainsi !... Tant il est vrai que nous n'avons rien de propre, d'original en nous, et que nous sommes un néant....

CINQUIÈME LEÇON.

15 janvier 1848.

(LEÇON NON PROFESSÉE.)

Où est l'obstacle du jeune homme? Dans la famille? Dans la société? En lui-même? Il est principalement dans la dispersion d'esprit. Découragement et dissipation. — Géricault vers 1823. Il avait résisté à la réaction de l'époque. Son découragement, son isolement, sa mort, 1824. Il eût dû se raviver aux sources sociales, descendre dans le peuple. — La création nouvelle demande que l'on concilie la solitude et la société.

« Ces conseils de mêler l'observation à l'étude, les hommes aux livres, de voir de près les réalités, sont vraiment excellents — pour moi, non, mais pour mon voisin. Ils vont tout-à-fait à un tel, mon camarade; ils semblent écrits à son adresse ; c'est un jeune homme riche, qui a du temps, du loisir, il ne sait qu'en faire. Moi, je suis pauvre, Monsieur, et très-pressé. Vous ignorez peut-être que la plupart d'entre nous sont vraiment malaisés. Nos familles sont d'une économie! On nous presse, on nous dit (mon père encore m'écrivait ce matin) : « Hâte-toi donc, avance, brusque ton examen... Fais parler à l'examinateur. Tu épuises ta famille, tu t'amuses, et nous, nous jeûnons. Qu'as-tu à faire de tel cours qui ne sert point à ta carrière ? Ce n'est pas de science aujourd'hui qu'il s'agit ; tu n'es pas étudiant pour cela, mais pour prendre tes grades ; tu reviendras toujours bien à la science... Vite des grades ! une place ! La concurrence est grande ; il faut, dès maintenant, aviser, combiner, plaire à Monsieur un tel... Pourquoi ne vas-tu pas voir notre député? »

Ce n'est pas tout, la mère écrit : « Mon fils, mon fils, tes dépenses à Paris sont cause que nous ne marions pas ta sœur ; les cinquante mille francs dont tu manges la rente sont justement l'appoint nécessaire à sa dot ; on n'en veut pas à moins. Hâte-toi et prends le chemin le plus court. Vois le député, si tu veux, mais plutôt, mais surtout va voir M. l'évêque qui est à Paris, M. l'abbé... Voilà un homme, celui-là, pour les jeunes gens. Il est si bon !... Il a placé un tel, marié un tel, ton ancien camarade ; mais aussi c'est un bon sujet. Que te demande-t-on ? rien que de remplir tes devoirs, sauver ton âme en faisant ta fortune. Forme de bonnes relations ; entre dans telle conférence si parfaitement composée. » — Dans la lettre suivante, la conférence ne suffit pas, il faut la confrérie.

Eh bien ! moi, je dis aux familles : « Respectez vos enfants !... Ruinez-les, si vous voulez, mais ne ruinez pas leur caractère et leur honneur. Femme pieuse, croyez-vous donc sauver une âme en étouffant la conscience ?... Étouffement paisible, il est vrai, sans scandale, avec transition, ménagement, sans brusque apostasie... N'importe ! Cette douce méthode n'en portera pas moins ses fruits. L'intérêt une fois bien établi, comme Dieu, dans son cœur, vous verrez comme vos leçons retomberont sur vous. « Il vaut mieux obéir à Dieu qu'aux hommes. » Or, son Dieu, c'est l'argent, il lui obéira, vous-même l'avez voulu ainsi. Jusqu'ici, c'était un fils ; grâce à vous, c'est un héritier, un homme qui attend ; *il a des espérances*, disent les mères, et c'est parce qu'il *espère* dans la mort qu'elles le souhaitent pour leurs filles.

Mais les parents insistent : « Nous ne sommes pas riches, nous sommes pressés. »—Réfléchissez donc alors dès le commencement ; sachez bien ce que vous voulez. Si vous êtes pressés, il ne faut pas prendre le long chemin, la longue éducation classique ; il faut, à quatorze ans, mettre votre fils dans la vie, dans la pratique et les affaires, dans un comptoir, sur un vaisseau, n'importe ; il verra, il saura. Les deux éducations sont bonnes. Les affaires, les voyages, l'observation personnelle, valent la haute culture et la font désirer. Bonaparte part des livres, de l'école de Brienne et va à l'action. Hoche part de l'action et, par le progrès naturel d'un bon esprit, cherche les livres : il lisait Condillac à l'armée de Vendée.

Cela dit aux familles, je dis aux jeunes gens : Il y a une autorité supérieure à toutes, c'est celle de l'honneur. Sachez mourir de faim. C'est le premier des arts, puisqu'il donne la liberté de l'âme. Vous dépendez de vos familles, à la bonne heure ; mais, dites-moi franchement, est-ce bien uniquement par obéissance naturelle et respect filial? Les embarras d'argent n'y sont-ils pas pour quelque chose? Les conseils maternels ne sont-ils pas dorés de quelque supplément secret de pension? Ces choses-là ne sont point inouïes.

Si la famille voit le jeune homme sérieux, studieux, économe, elle ne lui écrit pas des choses honteuses. Si vraiment elle espère un homme, elle recule devant sa destinée, elle la réserve, la respecte, hésite à l'entamer; elle s'arracherait plutôt le dernier morceau de pain. J'ai vu, dans les pères les moins dignes, cette religion paternelle; ils ménageaient leur fils, comme leur expiation, leur réhabilitation future.

«Où donc, dit le jeune homme, prendrai-je de l'argent?»—Où? Dans une caisse secrète qu'a tout homme, même le plus pauvre. Une caisse, une ressource, celle qui manque le moins. Et quelle ressource?—*Un vice!* Oui, tout homme *a un vice* (tel les femmes, tel le jeu, tel l'orgueil, tous aujourd'hui la vanité de la toilette, etc., etc.). Ce vice est un rude créancier qui se plaint toujours, qui exige, rançonne. Eh! bien, faites-le taire, dites-lui qu'il attende, rançonnez-le à votre tour.

Mais quoi! dira quelqu'un, si tout homme a un vice, qui a droit de parler morale?—Tous, monsieur! ceux même qui pèchent. Ceux-là, c'est tout le monde. Continuons donc de prêcher entre nous. Si nous attendions pour cela qu'il nous vînt sur terre un homme impeccable, il faudrait bien longtemps attendre, attendre un autre ciel, un autre globe. Et ce globe serait-il meilleur?

Revenons. Nous accusons toujours l'extérieur, ce qui n'est pas nous, tel la famille, tel la société. Avec raison en général. Ce n'est pas tout pourtant. Si nous nous accusions nous-mêmes, ne serions-nous pas souvent encore plus près du vrai?

Le jeune homme se lève, déjeune, lit les journaux; procès affreux, honteux; corruption privée et publique; il s'étonne, s'indigne.... Et lui, que fera-t-il le soir?

Il a trois choses en vue, il faut choisir : la bibliothèque ouverte le soir, — tel bal plus ou moins bien famé, —enfin ce salon politique influent, où on l'envoie flatter, renier sa pensée.

La corruption l'indignait le matin ; le soir, l'indigne-t-elle ?

Le journal lui dit tous les jours : « *La France est bien malade, la société bien mal organisée*, etc., etc.» Rien de plus évident; seulement, il faut qu'il ajoute : « Et chaque membre de cette société représente trop fidèlement en lui cette mauvaise organisation générale ; elle est mauvaise en tous, elle est mauvaise en moi. — *La société en haut est corruptrice*... Et corruptible en bas. Cette pluie de hontes tombe en un terrain fort peu rebelle, et très-bien préparé. — *Plus d'équilibre des pouvoirs...* Et c'est comme chez moi ; mes puissances, mes facultés morales, mes passions, se battent entre elles ou se subordonnent à tel vice ; mon émeute intérieure tourne à la tyrannie, qui ramène l'émeute ; violente alternative qui ne promet rien que la mort. »

La mort, qu'est-ce que c'est?

Point d'étudiant de première année, qui, aux premières dissections, ne débatte en lui cette thèse, tout bas, tout haut... Ses anciens se moquent de lui.

Moi, je ne me moque point, et je lui dis : Quoi que puisse être la mort en soi, je puis vous dire quel est le vrai sentiment de la mort.

Vous y avez goûté, quand, le lendemain du bal, las et la bourse vide, l'âme fanée, la tête affaiblie, vous ne vous sentez aimer rien, ni repos, ni travail, ni passé, ni avenir. Cela est de la mort, et peut-être encore pis.

Un homme mort, sur la table de votre amphithéâtre (à consulter les yeux seulement et le phénomène physique), c'est un homme qui va aux éléments, laisse disperser ses molécules, qui, dans une impuissance définitive d'attraction, d'agrégation, perd l'unité du corps.

Il est des morts vivants ; tel homme, telle société, morts, c'est-à-dire divisés, dispersés, en qui l'attraction mutuelle des parties a péri.

Seulement, quand la société est telle, c'est que tels sont ses membres. Ne dites pas seulement : « La

France est divisée. » — Dites aussi : « Je suis divisé et dispersé en moi ; je laisse aller aux quatre vents du monde mes puissances et mon unité ; je ne me reste pas, je ne garde nulle force attractive qui me rattache aux autres. » Oh ! s'il y avait un homme entier de toutes ses puissances, fort de toutes ses attractions, la masse des atomes flottants irait tourbillonnant autour de lui, et s'agrégeant les uns aux autres, ce tourbillon ferait un monde !

Qu'est-ce qui augmente en France ? est-ce l'union ou la division ? est-ce la vie ? est-ce la mort ?

Formidable question, qui contient toute la destinée.

Le statisticien me répond, satisfait, que la production augmente... Celle des choses, non celle des hommes, des âmes, des caractères ; le *capital moral* n'augmente nullement.

Tout ce que la France a de génies est vieux ou vieillissant, — et personne derrière. — Vous pouvez vous dire ceci, en partant pour le bal : « La France baisse, elle vieillit ; la vie diminue et la mort augmente... Et moi aussi, j'augmenterai la mort... »

Tout ceci n'est pas tant fictif que vous croyez, mais pris sur la nature. Un triste dialogue, en ce sens, eut lieu, vers 1823, à la porte du bal de l'Opéra, entre un de mes amis, homme du monde, artiste infiniment spirituel, et un jeune homme, un grand homme, frappé au cœur, qui semblait chercher dans le plaisir l'accélération de la mort. Je parle du premier peintre de ce siècle, de l'infortuné Géricault.

Mon ami le rencontra fort triste parmi cette foule joyeuse : les femmes parées, les voitures, les lumières; grande toilette, gants jaunes, mais déjà bien changé. La douceur infinie de son puissant regard avait fait place à l'expression âpre du terrible masque que vous avez tous admiré. C'était toujours le génie, mais non plus l'expression de la force, celle plutôt d'une mortelle ardeur pour saisir ce monde fugitif, et dans une orbite profondément creusée, l'œil sauvage du faucon.

Mon ami, qui l'aimait, qui voyait en lui la France et l'art dans leur plus haute expression, essaya de l'arrêter là, pria et supplia... En vain. Triste, sombre, il alla s'engouffrer au brillant tourbillon.

Il est mort, vous le savez, cette année 1824, l'année même où mourut Byron, à deux mois de distance, deux grands poëtes de la mort. Byron dit celle de l'Angleterre, qui se croyait victorieuse; Géricault peignit le naufrage de la France, ce radeau sans espoir, où elle flottait, faisant signe aux vagues, au vide, ne voyant nul secours... Et Géricault aussi n'a vu rien venir, et il s'est laissé glisser du radeau.

Ce génie, extraordinairement ferme et sévère, du premier coup peignit l'Empire et le jugea; du moins, l'Empire en 1812 : *La guerre*, et nulle idée. C'est l'officier des guides, le terrible cavalier que tout le monde a vu, le brillant capitaine, séché, tanné, bronzé.

Mais la chute, mais la déroute, mais le soldat, le peuple touchèrent bien autrement son cœur. Il fit comme l'épitaphe du soldat de 1814. C'est le cavalier démonté, *le cuirassier*, ce bon géant, si pâle, géant de taille, et pourtant si homme, et si touchant! Un soldat, mais un homme encore; la guerre, on le sent bien, ne l'a point endurci. Il se raidit en vain pour retenir son coursier colossal sur la descente rapide, glissante... Il n'échappera pas... Derrière plane un noir tourbillon d'hiver et de Russie, l'ombre du soir et de la mort ; il n'y aura pas de matin... Et pourtant, tout le reste semble un paysage de France, la terre de la patrie. Il revient, après le tour du globe, il rentre.... pour mourir.

On sait l'étrange réaction de 1816, et comme la France sembla se renier elle-même. Eh bien ! de plus en plus, Géricault l'adopta. Il protesta pour elle, par l'originalité toute française de son génie, et par le choix exclusif des types nationaux. Poussin a peint des Italiens, David des Romains et des Grecs. Géricault, au milieu des mélanges bâtards de la Restauration, conserva ferme et pure la pensée nationale. Il ne subit pas l'invasion, ne donna rien à la réaction.

Faisons, Messieurs, une différence grave entre ceux qui ont suivi le temps, et ceux qui ont devancé, maîtrisé le temps :

Un grand, un puissant écrivain, en 1800, quand on rouvre les églises, publie le *Génie du Christianisme*. Il suit la réaction.

En 1822, Géricault peint son radeau et le naufrage de la France. Il est seul, il navigue seul, poussé vers l'avenir... sans s'informer, ni s'aider de la réaction. Cela est héroïque.

C'est la France elle-même, c'est notre société tout entière qu'il embarqua sur ce radeau de la Méduse... Image si cruellement vraie que l'original refusa de se reconnaître. On recula devant cette peinture terrible; on passa vite devant; on tâcha de ne pas voir et de ne pas comprendre. « Ce tableau est trop triste, il y a trop de morts; ne pouvait-il pas faire un naufrage plus gai [1] ? »

---

[1] Personne ne voulut acheter ce tableau, sauf un ami de Géricault, qui y avait lui-même travaillé, M. Le Dreux Dorcy; il l'acheta 6,000 fr. à la mort du peintre, refusa les offres énormes de l'étranger, et, pour le même prix, le donna au musée du Louvre.
Bel exemple! De telles œuvres, en effet, n'appartiennent à personne, à aucun particulier. Qui pourrait, sans crime, garder chez soi, pour soi, une œuvre inédite de Descartes, de Rousseau, de Montesquieu? Ne serait-ce pas un devoir de la livrer à la publicité? La fatalité des arts du dessin est plus cruelle encore; l'objet est unique, ne peut se reproduire (la gravure est un art à part, et créateur, bien plus qu'une reproduction). Donc, il est important que les œuvres capitales restent placées dans des lieux accessibles à tous, et, autant que possible dans les musées nationaux. On ne sait pas assez combien le simple rapprochement de ces grandes œuvres les rend plus fécondes. Hélas! pauvres artistes, qui n'aurait pitié de vous, en songeant que le plus haut attribut du génie, l'unité, vous est cruellement arrachée; vos membres dispersés courent l'Europe. Des barbares vous tiennent ainsi démembrés, enferment parfois, enfouissent telle pensée qui aurait fécondé un monde!... Comment ne sent-on pas qu'il est impie de rete-

Le tableau retourna, parmi les dérisions des critiques, du Louvre chez le peintre. En punition d'avoir senti la France, il resta seul en face de ce portrait du désespoir. Il essaya d'y échapper, visita l'Italie, l'Angleterre; mais son cœur était trop enraciné dans la patrie. Il revint, il trouva le triomphe universel du faux. Dans la politique, les écoles bâtardes, le dogmatisme absurde de nos Anglo-Français. Au théâtre et dans la peinture, la vogue des improvisateurs agréables, de la vulgarité rapide. Cerné, comme étouffé de tous ces gens aimables, malade du faux sourire de la Restauration, seul, morne et triste, il voulut, lui aussi, oublier. Il chercha les sensations violentes, les seuls périls qu'on peut se faire en pleine paix, monta des chevaux fougueux, effrénés, impossibles. Il se plongea au tourbillon des bals, au vertige des foules, aux plaisirs anonymes, obscurs, et fut plus triste encore.

---

nir chez soi des parties vivantes d'un homme?—D'un homme? Non, ici, c'est beaucoup plus, c'est l'artiste national d'une époque, celui qui, seul, eut alors la vraie tradition : je l'ai dit, et le redis : A ce moment, Géricault fut la France.—C'est le devoir de ceux qui ont ses tableaux, ses dessins, de les donner ou les vendre au Musée. On les réunirait dans une salle, qui s'appellerait le Musée Géricault.

Il savait bien pourtant que les grands producteurs, les Titien et les Michel-Ange, les Rubens, les Rembrandt, ont sagement, habilement aménagé la vie, économisé le temps et la force, qu'ils furent grands maîtres en l'art de vivre... Lui il voulait mourir.

Non qu'il eût ressenti l'influence des tristes, des stériles écoles qui, de nos jours, ont systématiquement enseigné l'ennui, le désespoir. Le génie *solitaire* d'Obermann et du Dernier homme n'est point celui de Géricault. Le génie *satanique* de l'auteur de Manfred ne se rapproche du sien que par des traits tout extérieurs. Celui de Géricault fut éminemment sociable. L'Anglais vécut de haïr l'Angleterre. Et le Français mourut de croire à la mort de la France.

C'est le reproche grave qu'on doit lui faire. Il n'a pas eu la foi dans l'éternité de la Patrie.

Comment n'y crut-il pas? Il venait de lui créer ses puissants et immortels symboles, sa première peinture populaire. La France était en lui.

Il l'ignora, il ne voulut plus vivre. Il demanda secours à la nature, puisque la patrie l'oubliait, s'oubliait elle-même.

La nature l'entendit, et la mort; la mort lente et cruelle, lui donnant le temps de savourer toute l'amertume d'un grand destin inachevé.—Chose dure! c'est dans l'impuissance du malade, lorsqu'il ne peignit plus, qu'il sentit l'immensité de ce qu'il aurait fait et ne pouvait plus faire.—Il allait dans un grand tableau (la Course des chevaux à Rome) montrer combien de secours l'étude profonde des animaux donne à celle de l'homme, et comme le cheval, en certaines parties, reproduit dans une proportion grandiose, explique, interprète la forme humaine. Il avait, pour le reste, des rivaux dans les grands maîtres du passé; mais dans ceci, Géricault était le premier et le seul.—Or, c'était juste à ce moment de déployer son originalité souveraine, que la mort le prenait.

L'amertume infinie de sentir tout cela paraît dans la lettre mélancolique qu'il écrit à M. Collin, aux dernières lignes surtout : « ..... Je t'envie tellement la faculté de travailler, de peindre, que je puis, sans crainte d'être taxé de pédanterie, t'engager à ne pas perdre un seul des instants que ta bonne santé te permet d'y bien employer. *Ta jeunesse aussi se passera, mon jeune ami.*»

Il mourait et sentait qu'il était à sa première époque, encore dans son âge héroïque, de volonté, d'effort. La grâce lui était inaccessible encore, le charme féminin, le mouvement, le sourire de l'enfant, de la femme, tout cela le fuyait. Il le cherchait en vain : « Je commence une femme, disait-il, et cela devient un lion. »

Mort trop jeune, il ne fut qu'un héros dans l'art; il n'a pu atteindre la grâce, la bienheureuse époque où se sont reposés les maîtres.

Et la grâce pourtant, qui rayonnait dans toute sa personne, dans ses grands yeux orientaux, elle était dans son cœur; et comme peintre, il l'aurait atteinte. Il devait s'obstiner à vivre, espérer, croire, aimer.

Il devait, au lieu de mourir, augmenter, étendre la vie, ne pas rester à la surface terne et froide qu'il rencontrait au haut de la société, descendre dans les foules. La France d'alors, encore toute frémissante de ses batailles, plus sensible après ses malheurs.

trempée de larmes héroïques, eût réchauffé son grand artiste.

La France n'était pas dans quelques amis légers, peu sûrs, dans quelques peintres envieux. Il fallait à un tel homme autre chose que de telles amitiés, que d'éphémères amours; il lui fallait le grand amour, où il eût pu toujours avancer, aimer davantage, s'étendre, s'approfondir, au sentiment de la patrie.

Il devait avancer plus haut, plus bas, plus loin.

Il aurait atteint et fixé les trois choses fuyantes et presque insaisissables à l'art : la femme, la foule, et la lumière.

Le Corrège des souffrances, celui qui dira sur la toile les frémissements nerveux de la douleur, le grand maître de la Pitié, qui, d'un invincible génie, brisera l'égoïsme, fondra le cœur de l'homme, est-il venu encore ?

La foule, tous les mystères des grandes masses humaines, la fantasmagorie des sombres ateliers, les remuements formidables des armées, le bruit visible de l'émeute, qui peindra tout cela?...

Une grande carrière l'attendait. — Il avait, entre tous, le génie pathétique.—Les premières esquisses du Naufrage, bien plus touchantes que le Radeau, disent assez la force de cœur qui était en lui. Le sien, si héroïque, n'en était que plus tendre; il aimait tous les jeunes artistes, ne haïssait personne, pas même ses envieux. — Chose rare et singulière qui faisait sourire ses amis, dans les relations vulgaires, nullement respectables, où le jeta parfois sa vie isolée, sans famille, il conservait des égards respectueux et tendres, soit par délicatesse naturelle, soit par ressouvenir de sa mère qu'il avait perdue.

Il vécut seul, mais rien n'était plus loin de lui que l'école solitaire, égoïste, drapée d'un orgueil insensé. Il était né pour être l'interprète, l'organe d'une société libre, et, pour risquer ce mot, le peintre magistrat, dont chaque tableau eût été un héroïque enseignement. Il eût fallu lui donner pour ses fresques tous les murs d'une grande cité, d'un glorieux Paris, où la France et le monde seraient venus apprendre la liberté, l'amour du genre humain; il eût suffi de regarder les murs pour y lire tout cela, et les plus nobles cœurs auraient grandi encore en y contemplant Géricault.

Une telle France n'était pas. Une France pourtant existait, vivante et forte, mais cachée dans la terre, enfouie sous l'invasion. Il n'y descendit pas, il ne put pas la voir.

Que ce grand homme nous serve par sa vie, par sa mort; ne cédons pas, comme lui, au découragement. Il nous faut descendre, Messieurs, plus qu'il ne fit, au monde souterrain, pénétrer, parcourir l'immensité des profondeurs sociales, au lieu de nous tenir à la surface et de nous asseoir pour mourir. Si cette première couche où nous marchons semble froide et stérile, que n'expérimentons-nous la chaleur de l'abîme inconnu ? La terre est sèche et froide, dites-vous; mais si, en la rouvrant, en y plongeant, nous descendions de l'hiver dans l'été ?

Considérez une chose, la belle et sévère nécessité où ce monde vous place. Aujourd'hui, tout autant qu'à l'époque où défaillit Géricault, vous trouverez partout, quoi que vous vouliez faire ou aimer, à quelque objet que votre âme se prenne, vous trouverez l'obstacle du vieux monde, ses résistances d'autant plus inflexibles, qu'il participe à la sécheresse, à l'immutabilité de la mort. Et ceci durera. Les idées ne changeront point par un simple changement politique. Les morts durent longtemps ; pourquoi ? On ne peut les tuer. Allez voir au Musée des statues : vous trouverez là que, des siècles après la mort du monde égyptien, on fabriquait toujours des Anubis. — Tant la mort est vivace !

Donc, il ne faut pas attendre que la dernière poussière de la dernière momie ait disparu du globe ; il ne faut ni se décourager parce qu'elle dure encore, ni dire, pour excuser notre inaction, que nous nous mettrons à l'ouvrage tout aussitôt qu'elle aura disparu ; il faut, dès aujourd'hui, faire appel à nos forces inventives, éprouver ce que nous avons en nous de positif, de vivant, de générateur. — Si nous vivons, créons. Contre un monde de haines, faisons-nous un monde sympathique qui soit nôtre et fils de notre âme.

Le difficile, je le sais bien, c'est que, pour enfanter ainsi, il faut une double condition, être à-la-fois solitaire, sociable ; solitaire, pour concentrer la sève, couver les germes ; sociable, pour les rendre féconds.

Ces choses ne s'excluent nullement. Les forts entre les forts, Molière, Shakspeare, Rembrandt, ont eu ces deux puissances ; leur solitude fut sociable, et, dans une société serrée même, écrasante, leur force les maintint solitaires. Ils créèrent dans la foule, avec elle, malgré elle, se servant de l'obstacle même.

Le glorieux jeune homme dont je vous ai entretenus ne sut point unir ces deux choses. Génie austère, mais tendre, sensible à la société, il n'en supporta pas l'indifférence. Il s'attrista des sécheresses d'un monde qui passait, et il ne sentit plus qu'en lui il en portait un autre qui n'eût jamais passé.

Profitons de ses fautes dans le nouvel art qui commence. Les symboles muets des anciens arts, tout pleins d'un souffle prophétique, comme ceux qu'a laissés ce grand peintre, ne parlent pas assez encore. Il ne nous suffit plus des Prométhées qui travaillent sur la toile et l'argile, soyons des Prométhées d'œuvres vivantes. Une autre humanité, une nouvelle création nous attend, nous appelle, elle réclame la vie. Créons-la, douons-la d'une grande âme, d'un meilleur génie qui console le monde.

SIXIÈME LEÇON.

20 janvier 1848.

—

(LEÇON NON PROFESSÉE.)

Où est l'obstacle du peuple? — Est-ce la réaction religieuse qui l'empêche de se rapprocher des classes lettrées ? — *Nullité de l'ancien esprit.*—Le clergé n'est fort que par le monopole de la charité, de l'éducation religieuse, de l'association, que lui donne l'État. Tendances religieuses. Agonie des anciennes formes. Le paysan croit-il ? — *Affaiblissement momentané de l'esprit nouveau.* Que la foi révolutionnaire eut les deux conditions d'une religion. Comment cette foi a faibli. Contradiction, doute, tentation de l'homme du peuple, spécialement du paysan. — Nous devons le raffermir, nous raffermir dans cette foi, qui est celle de l'avenir.

NOTES SUR LA CINQUIÈME LEÇON.

P. 148. *Le Corrège de la souffrance* n'est pas venu encore; mais ce nom, ce mot m'est venu en voyant des dessins admirables d'un artiste peu connu, qui a exprimé avec le sentiment le plus douloureux ce qu'il avait sous les yeux, de pauvres petites filles du peuple, mal nourries, grelottantes (Dessins de M. Tassaert, chez M. Julien, lithographe, rue de Seine).

P. 146. La lettre de Géricault, que M. Collin a publiée, ne lui était point adressée, mais à M. Eugène Lamy.

Le *Cuirassier*, de Géricault, et *l'Officier des Guides*, sont au Palais-Royal; pour le moment, ils sont exposés au bazar Bonne-Nouvelle. — Le Musée ne possède que *le Radeau*, et bien peu de dessins; ils sont, pour la plupart, dans les cartons d'artistes éminents, qui, j'en suis sûr, se feraient un point d'honneur de ne point les enfouir, mais de les céder à l'État, au public.

J'ai dit les deux obstacles qui nous empêchent de nous rapprocher du peuple.

Le premier, c'est la bataille de la concurrence qui, fixant nos pensées sur un point, le succès, l'intérêt, ce qu'on appelle avancement, nous rend indifférents

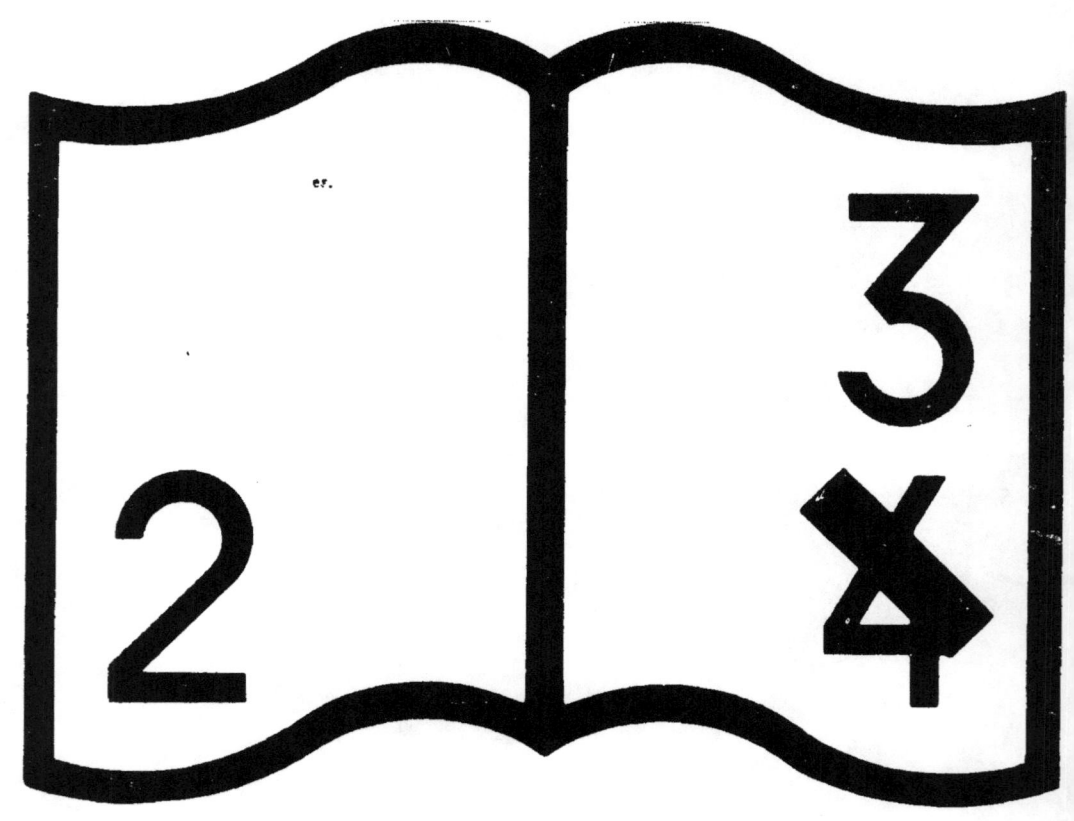

Pagination incorrecte — date incorrecte

aux autres; c'est comme une course au champ-de-Mars, les coureurs ne regardent personne, ne se soucient de personne.

L'autre obstacle qui semble contraire et ne l'est point du tout, c'est que cet homme à qui vous croiriez que l'égoïsme au moins va donner l'unité de l'âme, est en même temps, dans tout le reste, dissipé, divisé d'esprit, sans fermeté ni consistance; dissipation morale, énervante par la variété des plaisirs, dissipation intellectuelle, étourdissante par la diversité infinie d'objets que les journaux jettent aux yeux chaque matin, puis le monde et les livres. L'esprit en reste faible, le cœur fade, indifférent à tout. Dans un tourbillon si rapide, les plus petits objets égalent les plus grands, et ceux-ci n'excitent pas plus d'intérêt. Vertige physique aussi bien que moral, dégoût, sorte de mal de mer; ils verraient le voisin tomber à l'eau, ils ne bougeraient pas. Que dis-je, le voisin? eux-mêmes. Ils ont su, cette année, sans vouloir le savoir, que l'Angleterre bâtissait sur nos bancs même, à deux pas de Cherbourg.

État étrange d'insensibilité! on lui fait trop d'honneur d'y chercher un système d'égoïsme profond, de machiavélisme, un doute réfléchi sur toutes choses, d'appeler cela scepticisme. Vertige, faiblesse, oubli, voilà ce qui domine.

Je reviendrai sur ce vaste sujet. Aujourd'hui, je passe des riches aux pauvres, je m'établis dans la foule, je m'enquiers des principaux obstacles qui séparent le peuple des classes cultivées, qui en tiennent une portion notable hors du courant général des idées.

Et d'abord, examinons si, comme on le dit trop souvent, cet éloignement, cet isolement tient à l'influence de l'ancien *esprit*, à une puissante réaction *religieuse*, à une résurrection populaire des croyances *chrétiennes*. En face de cette mobilité des classes riches, y a-t-il là pour le peuple une base fixe, une forte prise, qui l'éloigne de l'esprit nouveau ?

Je réponds *Non*, sans hésiter. Dans un moment, peut-être, vous serez de mon avis.

Ces mots : *esprit, religieux, chrétien,* dont je me suis servi avec tout le monde, ne sont-ils pas d'abord éminemment impropres, si on les applique à la réaction dont nous sommes les témoins?... Et s'agit-il ici des choses de l'Esprit?... Au lieu de disputer là-dessus, je vais conter un fait.

J'entre, pour une affaire, chez un ouvrier établi, un petit fabricant, fort chargé de famille. Tous à table, et de plus, un ami. On parlait des Jésuites; on contait je ne sais quel tour de gibecière dont ils amusaient le public ; on admirait leurs ruses, on s'alarmait de leur extension, de la faveur secrète qu'ils trouvaient en haut lieu. L'homme, ancien soldat d'Austerlitz, nourri de Béranger, ne tarissait pas là-dessus. La femme ne disait rien, elle restait rêveuse; enfin tout à-coup : « Mon ami, dit-elle au mari, s'ils sont si fins et si habiles, il faut être avec eux. » L'homme haussa les épaules ; on parla d'autre chose. — Trois mois après, la même affaire me ramène dans cette maison. L'homme parlait encore des Jésuites, des prêtres en général ; il en parlait, mais sans rire comme la première fois, avec tristesse, avec humeur : « Ces gens-là méritent bien tout le mal qu'on dit d'eux. Ils ont des préférences, des favoris, et ils ne donnent qu'à ceux-là. Croiriez-vous bien, monsieur, que mon voisin qui n'a pas d'enfants reçoit autant que moi qui en ai six?... Dites-moi, est-ce là de la justice? »

Voilà un petit épisode de la réaction, surpris au foyer même; un père de famille amendé, converti, devenu bon sujet. Je ne suis pourtant pas bien sûr que la religion ait rien à voir là-dedans. Les courtiers du clergé, au moyen d'une femme, attaquent un pauvre homme; ils trouvent un soldat et font un mendiant. Rien de plus. Adieu le noble orgueil, les glorieux souvenirs, adieu la Grande armée. La sacristie y gagne-t-elle? j'en doute; ici, les deux esprits sont morts.

La matière a vaincu, la nature a vaincu. Nature? ici ce n'est pas Ève, c'est moins la femme que la mère, et le pain des enfants. — La mère, sur cet article, n'a nul orgueil, nul ménagement pour l'honneur du mari; elle ne voit rien, n'entend rien, elle est inexorable; l'homme, fût-il de bronze, cédera, s'usera sous cette action incessante; il n'y a plus là ni fort, ni vaillant; elle agit, elle pèse toujours, c'est comme un élément ; le jour, la nuit, toujours, tombe la goutte d'eau, le roc en est percé.

Ceci, encore une fois, c'est nature. Rien de religieux.

Le commis voyageur entre dans une maison, essaye de tenter le mari : Voici un Béranger, voici un Lamartine illustré, telle publication pittoresque.... L'homme regarde, sans quitter son ouvrage, et je vois bien qu'il voudrait acheter. — Mais la femme s'oppose, elle renvoie en hâte le dangereux commis. « Adieu, Monsieur, bonjour, Monsieur ! Mon mari, voyez-vous, a bien besoin de travailler, nous avons des enfants, les temps sont durs, le pain est si cher ! » — Voilà juste les propres paroles, prévoyance inquiète, économie forcée ; c'est tout. Elle craint les livres, comme elle craint le cabaret. Cet homme-ci est un bon homme, mais facile ; il rencontrerait là le camarade, qui lui rappellerait bien des choses, bien de vieilles histoires ; il se remettrait à chanter ou *La Colonne*, ou bien *Te souvient-il de l'empire du monde?..* Après cela il revient tout étrange, il n'est plus bon à rien.

S'il faut qu'il sorte le soir, que ne va-t-il plutôt à cette église où l'on rassemble les vieilles moustaches, pour chanter des cantiques à la Vierge Marie; ou bien encore à l'autre église, où j'ai lu (en 1846) : Le soir, cours de littérature, — et la soupe pour les auditeurs. — Ceci est clair au moins; point de vaines paroles, du réel, du solide; sans compter les protections qu'on trouve là, les pratiques qu'on y peut attraper... Ah! s'il pouvait avoir celle du gros marguillier, celle de l'église même! Qu'il salue donc bien bas cette sœur de charité qui a tant d'influence... plus bas encore... encore plus de bassesse.

Il cède, il plie, il va; il se méprise, mais il va. Lui, c'est pour l'église d'en bas, aux caves, où vont les hommes. Dans l'église d'en haut, c'est sa fille, ses filles, qui, le soir, aux lumières, parmi les fleurs et les parfums (un jeune homme conduisant le chœur), chantent les chants de mai. Êtes-vous bien sûr ici que la religion agisse? ou la nature encore, et la douce saison? Ou si vous voulez qu'il y ait réaction religieuse, ne serait-ce pas plutôt celle du paganisme, la revanche des dieux oubliés?

Cet homme ainsi perd tout, avec le caractère, il s'échappe à lui-même, sa famille n'est plus sa famille. Sa femme a maintenant un sage protecteur qui pourvoira bien mieux. Son fils est chez les Frères, à l'école soi-disant chrétienne, où l'on désapprend la patrie. Une génération se forme là, rude et basse à la fois, propre à plus d'une affaire; de là sort l'ouvrier qui se faufilera, servira d'écho ou d'espion au clergé;—ou, s'il monte, le prêtre robuste, intrigant, sans scrupule, qui s'autorisera de sa rudesse même, entrera partout hardiment, poussera à mort l'intérêt, la passion, la calomnie, ayant besoin de ruse à peine, en sûreté sous ce masque grossier, quoi qu'il fasse, restant *brave ecclésiastique, bon prêtre...* On lui passera tout.

Les voilà tous, ou presque tous placés, partis, je ne sais où. Le père, baissé de plus en plus, nul dans sa propre estime, ne parlant guère que sa femme ne hausse les épaules, où que *sa demoiselle* ne sourie... le père faible, malade... à l'hôpital ! Quel parti tirer du cadavre de cet homme fini ? Une confession, une grande édification dans l'hôpital, si l'on peut arranger la scène. La religion gagnera-t-elle beaucoup à ce mensonge *in extremis ?* Je ne sais...; Mais enfin, je vois, longtemps d'avance, malgré le médecin, malgré *l'interne,* qui crie et jure, les sœurs envelopper notre homme, lui dire sa mort, le faire mourir d'avance... C'est là qu'éclate la sécheresse, l'aigre domination d'une fille où la nature déshéritée se venge de ses privations... Simples instruments sous la main ecclésiastique, elles sont d'autant plus impérieuses et dures, que leur sort est plus dur aussi. Cette armée de six mille femmes tremble aux pieds du clergé [1].

La charité publique, la charité privée, sont ainsi dans la main des prêtres, et tournées à ses intérêts. Un gouvernement qui craint le peuple, une femme qui craint l'enfer ou la révolution, voilà qui appartient au clergé.

[1] L'armée des sœurs de charité, et autres religieuses, est la vraie force du clergé. On ne peut dire dans quelle dépendance elles sont tenues. Une sœur, chaque année, peut être renvoyée; qu'elle sorte (la loi l'y autorise en vain) ou bien qu'on la fasse sortir, elle n'en est pas moins diffamée. « Qu'est devenue, dira à l'aumônier quelque bonne dame, cette jeune sœur si intéressante?.. Je ne la vois plus. — Ah! madame, elle a dû quitter la maison... Cela a été pour ses sœurs une grande tribulation... — Comment? Pourquoi? — Oh! madame, ne me demandez pas l'histoire de cette malheureuse, la charité chrétienne ne nous permet pas de la dire. »

Ils vont de l'un à l'autre, de ceux qui tremblent à ceux qui tremblent. Des puissants de ce monde, ils vont aux vieilles femmes, aux simples personnes, aux imaginations frappées, et ils les troublent encore plus. De leurs poches (comme on tire un diable, pour faire peur au marmot) ils tirent 93. Ils devraient le bénir, car c'est lui qui leur vaut le meilleur de leur revenu. Partout où il y a une tête faible et une forte caisse, on tire l'épouvantail : « Hélas ! madame, sans nous, tout cela reviendrait. C'est nous qui contenons le peuple. Nos écoles peu-à-peu le transforment. Ceux-là du moins, n'ayez pas peur, seront de bons sujets... etc., etc. »

Ils se tournent alors hardiment vers le philosophe, et lui demandent pourquoi il ne fait rien. L'église n'écrit pas, elle agit, elle montre des œuvres vivantes, elle continue la multiplication des pains, elle nourrit le peuple : « Allez, dit-on aux pauvres, allez trouver ces raisonneurs... Que vous donnent-ils ?... Comparez ! ces gens-là sont creux, vides, rien que vaines paroles. »

Le raisonneur peut dire que *c'est le sien* qu'il donne

et non l'argent des autres; que ce peu, c'est du moins le fruit de son travail; que, voué à fortifier, affranchir l'âme, il ne veut rien extorquer par la peur; qu'il n'emploiera jamais la fantasmagorie, l'enfer, 93, et autres formules magiques pour évoquer l'argent. — Ce que donne le libre penseur, il le donne vraiment; le prêtre donne-t-il? ou n'est-ce pas plutôt un échange usuraire, de dire au malheureux : « Prends ce pain, mais donne ton âme, livre ta conscience, abandonne ta liberté d'esprit, tue la raison en toi... Tu hésites? Va, et meurs. » Et la porte se ferme à grand bruit.

Le clergé a le monopole de la *charité*, l'immense et mystérieux budget des aumônes et quêtes, dont il ne rend compte à personne. Il a le monopole de l'*éducation religieuse*, nos enfants dans ses mains, nos femmes à ses pieds dans le confessionnal. Il a le monopole de l'*association*. L'État, sorti de la Révolution, et qui n'a d'autorité qu'elle, interdit toute réunion, toute assemblée, sauf aux mortels ennemis de la Révolution. — Eh bien! avec tout cela, le clergé se juge lui-même si mort, si vide de l'Esprit de vie, qu'à la moindre apparition d'une pensée religieuse indépendante, que dis-je? d'un petit changement dans la forme ou la discipline, il tremble, il crie, il court, il invoque l'épée (l'épée de la police).

On l'a vu éperdu, quand un audacieux novateur ouvrit une chapelle... pour chanter la messe en français. Grand et terrible changement! Quelle loi s'y opposait? aucune : la force fut la loi ; une armée de police fut mise sur pied, pour sauver l'église en péril.

Bel accord, le néant, qui se sent tel de plus en plus invoque le néant. Le *rien* religieux se serre et s'appuie au *rien* politique. « Sauve-moi, sauve-toi ; prête-moi ta police ; moi, je ferai la police intérieure des familles, je tiendrai les enfants, les femmes ; par une éducation appropriée, j'abaisserai les caractères, j'avilirai les cœurs... Quelle discipline, plus que la mienne, servirait le politique ? J'enseigne la sainteté de la délation. »

Et ce sont ces gens-là qui vont convertir l'Angleterre? Voilà bientôt dix ans qu'ils l'annoncent tous les huit jours. Et à quoi, je vous prie, se convertiraitelle? Ceci existe-t-il?—On a vu leur néant en Suisse ; les catholiques ne se sont nullement obstinés à combattre pour ce qui n'est plus.—Le masque libéral n'a pas mieux réussi. Les hymnes que tant d'innocents chantaient au pape? où sont-elles aujourd'hui? Rome ne peut que trois choses, elle est bornée à cela, ne fera rien de plus : Aider l'Autriche en Italie, la Russie en Pologne, l'Angleterre en Irlande. Elle a amusé vingt ans celle-ci par ce grand bateleur, qui servit si bien les Anglais, spécialement en confirmant l'éloignement, le fatal oubli, où l'Irlande reste de la France, du seul peuple qui pourrait lui servir un jour.

Le catholicisme a une consolation, c'est que les autres religions ne se portent pas mieux. — Quand je dis *religions*, j'entends *formes* religieuses. La Religion, grâce à Dieu, est sauve en tout ceci, éternelle en ce monde, tout comme je la sens éternelle en mon cœur.

Voyez le pauvre Abd-el-Kader. Il a cru, comme nous, que le fanatisme musulman avait encore des chances, que les grandes populations du Maroc ouvraient un vaste champ... L'islamisme se couche à côté du catholicisme, Abd-el-Kader auprès du Sonderbund.

Voilà ce qui les trompe tous. Ils voient bien que l'humanité, trahie par ses dieux d'ici-bas, voudrait bien regarder vers Dieu. Il y a de grandes tristesses dans les foules, des soupirs, des rêves d'un monde meilleur... Et de cela, que concluent-ils? Qu'on peut exploiter cet état de l'âme, au profit de telle vieille forme religieuse, vide de religion, simple machine politique. A l'homme altéré, languissant, ils tendent la coupe qu'il repoussa déjà : « Bois, c'est le vin du ciel. » Il y sent la lie de la terre.

Prenons en France la population qu'ils aiment à citer, le bon et fidèle paysan de Bretagne, l'homme de loyauté. L'ancien esprit domine là sans doute. Les habitudes n'ont pas beaucoup changé ; la langue française gagne, mais lentement. Le paysan, s'il lit, lit son même vieux livre, la légende bretonne qu'on lui imprime et réimprime; cette langue, ce livre, cette tradition est un lien entre lui et les siens; sa mère lut dans cette légende, ses enfants y liront. Ceci est bien, mais pénétrez plus loin. *Cet homme croit-il,* comme il croyait? Si vous le demandiez, il dirait, *oui, je crois,* il s'envelopperait, se défendrait, comme ses pères ont fait contre la langue et l'esprit de la France. Ne demandez donc rien. Observez, vous verrez si cette lecture est vraiment sérieuse ; vous apercevrez qu'il *croit sans croire,* comme l'enfant croit à sa poupée, se fâche, si l'on dit que c'est une poupée ; mais il sait bien ce qui en est, il caresse son rêve, tout en sentant que c'est un rêve, il la berce, sa poupée, mais sourit en berçant.

Je parlais des légendes.—Quant aux paroles de l'église, aux prières officielles, le Breton les subit patiemment. — Plus d'un fait cependant, témoigne du mortel dégoût qu'il éprouve à entendre ces psalmodies uniformes, ce latin. Dans un conte breton où il s'agit d'endormir un géant, un argus qui ne dort jamais, un paysan caché chante vêpres, et le géant s'endort.

La légende, en Bretagne et partout, est bien autrement chère au paysan que l'enseignement de l'église. Elle est généralement fille du sol, et souvent plus ancienne que le christianisme. Les légendes vivaces, celles qui durent, s'adressent puissamment à l'imagination, plus qu'à la sensibilité. — Elles enseignent, c'est là leur puissance, qu'à telle lointaine époque, en tel lointain pays, il y eut des hommes, si forts de cœur, et si chéris de Dieu, que, pour eux, *vouloir fut pouvoir;* ils disaient et la chose était faite; leur moindre mot était un acte.—Las! en est-il ainsi? Dieu aime-t-il encore? La bonne et forte volonté est-elle vue d'en haut?... Cela fut vrai *alors.* Et même alors?... Il n'est pas difficile de deviner comment ceci s'achève dans la pensée du paysan.

Il y eut pourtant une époque, ici-bas, peu éloignée de nous, où *vouloir fut pouvoir.* — La légende de l'Empire, rivale des anciennes, et qui les domine, dans la généralité de la France, rappelle qu'en ces temps, la volonté héroïque eut son effet certain. Et comment en douter? tel paysan voisin n'a-t-il pas été général?... La certitude de monter, en vertu de ses actes, l'égalité des braves, la chance ouverte à tous, c'est la sainteté de l'Empire.—Par là, bien plus encore que par la grandeur des résultats, il est, avec raison, la légende du peuple.

Ce qui étonne davantage, c'est l'obscurcissement de celle qui précède, de celle de la Révolution.—La France seule pouvait ainsi s'obscurcir, s'effacer elle-même. Elle multiplia les miracles, les actes héroïques; nulle mémoire n'y suffit. La gloire alla s'accumulant, et cachant la source féconde d'où elle jaillit d'abord. Par-dessus la Révolution, monta l'Empire, il l'enfouit sous les drapeaux, les victoires, les couronnes.

Déblayons, retrouvons la source pure, nous y verrons ceci :

La religion nouvelle, comme elle éclata d'abord, avant qu'elle ne fût voilée par la tempête, se posa nettement en deux choses, que toute religion promet, montre de loin; celle-ci, un moment, les fit toucher de près.

1° *Volonté et puissance, sont une et même chose;* qui veut fortement, et toujours, qui veut quand même, celui-là, il peut tout. — C'est le sens de l'élément miraculeux, légendaire de toute religion. Elle le dit des dieux, puis des héros, enfin de tous, si tout le peuple est un héros.

2° Tout n'est pas dans l'effort héroïque de la volonté; il faut que l'effort même disparaisse, fasse place à une vie plus haute encore de l'âme, que de soi-même et sans effort, *l'homme aime l'homme,* tous étant le même homme, tous identiques en Dieu.—Identiques, pourtant différents, l'amour suppose l'existence distincte; il unit et ne confond pas. Là, est la liberté; et la fraternité ne la supprime point.

Cette double lumière éclata d'un tel jet de flamme, qu'on a peine à comprendre comment, malgré l'orage et le bouleversement, elle a pu disparaître, par quelle secrète permission de Dieu a pu s'accomplir ce miracle du diable, d'enterrer la lumière divine!

Saint foyer de la loi nouvelle, à quelle profondeur, maintenant, êtes-vous donc caché?... Vous êtes, vous vivez, comment en douterais-je? Plus d'un volcan qui gronde vous révèle en Europe. Ici même, où nous semblons veiller la nuit sur vos cendres éteintes, ces courants de chaleur que je sens à ma face, ces frémissements électriques à ma main, à ma plume, le manifestent à moi, puissant génie de l'avenir !

Un demi-siècle à peine est écoulé. Beaucoup vivent encore de ceux qui, de leurs mains, ont bâti sur nos places l'autel de la Fraternité, où vinrent s'unir nos Frances divisées jusque-là... Et tous les peuples y vinrent, de cœur et de pensée, dans un même embrassement.

Beaucoup vivent encore de ceux qui, tressaillant au *Danger de la patrie*, signèrent sous le drapeau la délivrance du monde, la guerre sainte, ou plutôt la paix.

La France, à ces moments, eut en elle une telle concentration d'esprit, une telle accumulation de force vive dans le cœur, que, si on lui eût dit : « On va peser sur vous, du poids des mondes entassés, et vous en accabler... » Elle aurait dit sans peur : « Mettez, j'emporterai les mondes ! »

Et cela était vrai. Il fallait seulement qu'elle s'obstinât à rester elle-même.

Mais d'abord, dans le terrible effort de résistance où elle fut poussée par la conjuration universelle des esprits de haine et de meurtre, la France haït aussi. Elle imita ceux qu'elle haïssait. Elle perdit de vue l'une des faces, et la plus haute, de sa religion, l'amour et la fraternité.

L'autre, l'axiôme héroïque : *Qui veut, peut tout*, il resta à la France, prodigua la victoire. L'impossible fut rayé de la langue. Le miracle devint vulgaire. Tous furent héros, plus de héros. Dans l'immensité des masses et des événements, l'individualité disparut, fut, pour ainsi dire, engloutie et perdue. Tous également braves, disait-on ; et, sous ce prétexte, l'égalité cessa. Tel monta comme riche, sorti de telle école ; tel monta comme noble. Les vaillants commencèrent à dire : « Non, la révolution n'a pas dit vrai ; *non, vouloir, ce n'est pas pouvoir !* »

Elle avait dit encore au peuple, de sa grande voix si douce et si sévère : « Travaille, tu n'auras rien pour rien ; travaille, tu gagneras la terre. Je ne la donne pas, mais tu l'auras sans peine ; ta faible épargne suffira, tu deviendras propriétaire. » — Et pour accomplir cette parole, en tous les cas douteux, où le maître, le seigneur de la terre et du fief, fut en litige avec le travailleur, où les deux propriétés furent en lutte, propriété du sol, propriété des bras et du travail, elle décida pour le travail. Là aussi, *vouloir fut pouvoir*. Qui voulut, put; qui travailla, acquit. Le miracle de la volonté forte fut manifeste à tous. — Qui dira la lamentable histoire des lois de réaction, qui, dès le Directoire, sous l'Empire, sous la Restauration, agirent pour le seigneur, et le milliard donné, et les biens rendus par l'État, rendus par jugements?.... Enfin, sans loi, ni jugement, la sourde action de l'usure... Et, l'audace croissant par l'audace, les imprudents procès où l'on dispute au paysan ses antiques communaux.

Quelles pensées doivent venir à cet homme sur ses deux religions !

La nouvelle lui avait dit : Travaille, tu auras de la terre. Et il est dépouillé chaque jour de ce peu qu'il acquit.

La religion du moyen-âge lui dit : Prie, tu auras du pain. Mais, si elle le donne à qui mendie, c'est en brisant sa conscience.

Transportons-nous, Messieurs, au foyer de cet homme infortuné. — Je parle spécialement du paysan, en qui subsistent, avec bien plus de force que dans l'homme des villes, les deux traditions. — Écoutons sa pensée muette :

Le moyen-âge n'a pas tenu parole.

Et la Révolution n'a pas tenu parole.

Or, sa femme, comme celle de Job, ne manque pas de lui dire : « Qu'est-ce que tu as gardé de ta Révolution, de ton Napoléon ?... Des blessures, rien de plus. — Laisse donc là toutes tes vieilles idées. — Travaille, gagne, si tu peux, laboure, remue ton champ... »

A quoi, ce pauvre homme ne réplique rien du tout. Il ne se répand pas, comme Job, en longs discours. — Seulement, de sa grande et forte main, qui a fait tant de choses, il pioche le foyer, et deux coups, ou trois coups donnés, il rentre dans son rêve.

Il n'a pas assez de langue pour répondre à la femme.

Il ne lui dira pas que sa légende, à elle, est morte, que son prêtre est fini, que sa branche aînée est finie, son église finie...

Non, il ne chicane pas sur les morts, mais il pense aux vivants. — Il pense à la pauvre Révolution, qui d'un coup avait biffé la honte du servage, l'orgueil des fiefs, donné la terre à qui fesait la terre (oui, celui qui *fesait*, les agriculteurs m'entendront; est-ce que les landes de Bretagne ou d'Ardennes eussent été de la terre sans lui?).

Quel est donc notre rôle, en tout ceci, messieurs? c'est de soutenir Job, de confirmer sa foi.

Et c'est notre devoir, une juste réparation à laquelle nous sommes tenus.—Qui plus que nous a contribué à l'ébranler, à le rendre incertain? Nos admirations insensées de l'étranger, nos serviles et coupables imitations de l'Angleterre, l'ont étonné, attristé, fait douter de lui-même... Chose étrange! Celui qui fit ces grandes choses se fie à peine à sa mémoire, ne sait plus qu'en penser, il se demande si cette histoire de géant n'est pas un rêve. Il se touche, il se tâte, il se dit : « Est-ce moi?.... Le monde a jugé autrement. Les savants disent *non*... Les miens même, ma femme.... Tous contre moi, et je suis seul... Apparemment, j'ai tort. » Triste fruit de nos étranges variations! Elles ont profondément troublé le paysan, affligé en lui, confondu l'âme même de la France!

Il est grand temps de revenir, de réparer nos fautes, de lui dire franchement : « Tu ne t'es pas trompé. »

Oui, quoi que ta femme ou le monde te dise, oui, ton cœur a raison.

Oui, quoi que ton prêtre, tes prétendus amis te disent, ta mémoire a raison.

Héros des temps de gloire, persiste, et sois toi-même.

Ce que nous disons là, nous ne le disons pas pour toi seulement, vieillard qui vas mourir, ô relique vivante ! — Nous le disons pour ton fils qui laboure, pour ton petit-fils qui part pour l'Algérie. — Nous le disons surtout pour nous, et pour confirmer notre cœur.

Oui, la France eut raison.

Et l'univers eut tort.

« Et quand l'univers tuerait la France, la France vaudrait mieux ; car enfin, quoi qu'il fasse, l'univers n'en sait rien. »

Où fut la conscience du monde? En toi, vieux paysan de France! Il te fallut combattre les nations, pour le salut des nations.

Dieu nous donne un seul jour de tes actes héroïques pour tous nos millions de paroles.... Qu'il nous donne pour couronne et pour tombe ce qui fut ton berceau!

SEPTIÈME LEÇON.

27 janvier 1848.

(LEÇON NON PROFESSÉE.)

La Révolution a donné à la France une *légende* commune, moyen de rapprochement pour les classes diverses. La France n'avait rien de tel, en 89. Elle avait peu conservé sa tradition. — Divorce des *langues*, depuis le douzième siècle. Deux courants de langues et de littératures : 1, de Rabelais à Voltaire; 2, de Calvin à Rousseau. La langue de Rousseau n'arrive pas au peuple. Le peuple n'aime point la langue raisonneuse et romanesque, mais l'histoire et la poésie. Napoléon et Byron partageaient en ceci le sentiment du peuple. La légende locale périt au profit d'une poésie plus haute. Ne pas mêler le roman, ni le mélodrame, à la légende; exemple tiré d'une ébauche de Gros. L'originalité spécifique fait la force du récit populaire. Le dernier mot du soldat à l'Empereur dans la retraite de Moscou.

Amis, ennemis de la Révolution, tous, qu'ils le veuillent ou non, doivent reconnaître qu'elle seule a constitué à la France ce qui fait une nation, autant que l'unité des lois : *Une légende commune à tous,* commune à toute province, à toute classe sociale ;

une légende plus propre à chaque localité que sa légende locale ; que dis-je? propre à chaque famille, enracinée au foyer de chaque maison par la gloire ou par le deuil.

Oui, la Révolution a mis là, autant et plus que dans les lois, l'unité de la patrie ; les lois ne sont pas sues de tous, tous savent les événements, les grands faits nationaux, qui sont aussi les grands faits pour toute existence privée, par la trace profonde et terrible qu'a marquée dans chaque cœur d'homme la Fortune de la France.

Puissant historien, vraiment, qui n'a pas gravé ses annales sur le marbre ou dans le bronze, que le temps use après tout, — mais sur des tables vivantes qui vont se renouvelant dans le cœur et le souvenir.

« Mon grand père mourut en Égypte », dit tel jeune ouvrier des villes, qui, faisant son tour de France, est entré chez un paysan. « Et moi, dit le vieil homme de campagne, mon fils est resté à Moscou... La place où vous buvez ici, c'est la sienne ; elle est restée vide depuis trente et tant d'années. »

Nulle famille, ni riche, ni pauvre, où ne se trouve

une telle place, et c'est la place d'honneur. Toutes les classes, qu'elles soient ou non divisées dans le présent de pensées ou d'intérêts, elles ont une alliance dans cet immortel passé.

Une légende nationale, qui est ainsi pour chacun son meilleur titre de famille, peut pâlir dans les moments où la France pâlit elle-même; mais elle est indestructible. Elle se ravive toujours, et elle ne peut le faire sans rappeler cette communauté glorieuse où tous se trouvèrent alors. Elle est ainsi, pour l'avenir, un monument d'alliance, un gage immuable de rapprochement et de pacification, une source éternelle de rénovation pour notre unité. En la fondant, cette unité, dans les institutions malheureusement variables et trop facilement éludées, la Révolution a mis à côté cette force curative et réparatrice, l'impérissable légende. Ainsi, le système céleste n'a pas seulement ses lois de mouvement, ses forces actives, auxquelles obéissent les astres; il a, à côté, ses forces réparatives qui en assurent la durée; il porte son salut en lui.

Cher patrimoine de la France, trésor intérieur de

paix, qu'elle garde dans ses entrailles, vous serez dans l'avenir le remède à bien des maux!... Vous vous révélerez, dans votre puissance morale, parmi nos querelles civiles, dans les grands ébranlements, où l'Europe espère nous voir abîmés... Quand les déchirements viendront, quand le sol béant montrera l'abîme, nous y verrons la base profonde où la Révolution a assis la France, l'immuable pierre d'alliance et l'indestructible unité.

Il ne faut pas dire la Révolution, il faut dire la Fondation. Quoi de plus flottant, de plus mal assis que ce peuple en 89? Une cohésion grossière unissait à peine les parties du corps social, foncièrement divisées. Je ne parle pas de l'isolement mutuel des provinces, mais surtout, mais bien plus, de la séparation des classes, de l'absence d'un commun esprit, d'une tradition commune.

Pauvre nation alors, profondément pauvre, en esprit, en souvenirs. Le déficit, la banqueroute, la ruine des caisses publiques, étaient une trop faible image d'un autre appauvrissement : l'extinction de toute mémoire nationale, les années poussant les années, les malheurs suivant les malheurs, sans laisser nulle expérience, nul moyen de réparation, nulle communauté de douleurs, nulle fraternité de misère, non, un perpétuel oubli, de soi et des autres, une insouciante ignorance de sa propre identité. Un tel état est-ce la vie, ou une mort successive ?

Parcourez en esprit cette France d'avant 89 ; informez-vous, demandez-lui ce qu'elle savait d'elle-même... Vous serez épouvanté d'une telle profondeur d'oubli. Sur chaque point, vous trouverez bien quelque petit conte local, le souvenir de tel malheur particulier, dont fut frappée la contrée, telle superstition déjà affaiblie, que sais-je ? mais ce petit patrimoine de tradition personnelle que gardait chaque pays, loin de le lier à l'ensemble, l'en isolait au contraire, opposait même souvent les localités entre elles, ville à ville, village à village. Nul souvenir, nul souci de la fortune commune. Faut-il l'avouer ? trois ou quatre chansons, composaient, pour le peuple, toute l'histoire nationale.

Nulle conversation possible alors sur le passé. Après

les plaintes ordinaires, malheureusement éternelles, sur la misère, la disette, la pesanteur de l'impôt, telle agravation de taxe, vous auriez essayé de remonter dans leur mémoire, à peine auriez-vous atteint Fontenoy, — bien effacé par Rosbach. Dans le midi seulement, vous auriez retrouvé les traces de la guerre des Cévennes ; dans l'ouest, et un peu partout, la Révocation de l'édit de Nantes ; cette épouvantable Terreur de Louis XIV, l'émigration de tout un peuple, avait laissé généralement un très-pâle souvenir. Le Système, la banqueroute des trois milliards avait passé par-dessus.

Des vieilles guerres des Anglais, rien ; tout au plus (et non partout) le nom seul de la Pucelle. Des guerres espagnoles du seizième, rien, qu'un nom propre, Henri IV, et encore, en bonne partie, grâce à la restauration que la haute société lui fit au dix-huitième siècle.

Les guerres de Louis XIV, si destructives, si récentes, la terrible année 1709, celle peut-être où la France approcha plus près de la mort, qu'en restait-il ? rien, peu ou rien dans la mémoire. Ces armées de 500,000 hommes, plusieurs fois exterminées, plusieurs fois renouvelées, s'étaient humblement éteintes, sans même que les familles puisassent dans tant de morts un peu d'orgueil. Non, silence, profond silence ; personne ne réclamait la gloire. Une voix muette de ces guerres, voix monumentale et de pierres, subsiste pour rappeler ces peuples anéantis, le noble bâtiment des Invalides, construit dans les années les plus meurtrières de Louis XIV; asile étroit, insuffisant pour tant d'hommes mutilés, c'est plutôt le cénotaphe de ces millions de morts, le monument mélancolique des guerres royales, sans idée, sans but populaire, qui n'ont pas eu, comme les nôtres, les consolations de la foi.

Le profond malheur de la France, c'était d'oublier ses malheurs, de vivre et de souffrir en vain. Chacun, enterré sous ses maux, ne s'informait guère du passé,—du voisin à peine, parfois pour en rire. Les haines locales s'aigrissaient dans les misères. Tel village riait des maux de tel autre village.

La Révolution arrive, tout change. J'ai sous les yeux une adresse de 1790, où un village de Champagne écrit à l'Assemblée qu'il apprend les malheurs de Nîmes avec un intolérable sentiment de douleur. Qu'on dise un mot, les Champenois s'en vont tous, en corps de peuple, au secours du Languedoc.

L'absence d'unité morale, de sentiment commun, de tradition commune, était le plus terrible obstacle à l'unité de langage. Pourquoi communiquer de parole, s'il y manque l'unité d'âme ? La langue française a fait plus de progrès vers l'unité dans les derniers cinquante ans que pendant les cinq cents ans qui ont précédé.

Cinq siècles de profond divorce ! c'est le crime de l'église et de l'aristocratie.

Jusqu'au douzième siècle, mêmes langues, mêmes légendes pour tous. Le peuple comprend les prières de l'église, les chants héroïques ; grande consolation de l'inégalité sociale, il y a communauté d'esprit, de foi, d'âme.

Vers le douzième, commence le divorce. L'Église garde la langue antique ; les seigneurs, les nobles vont créant une langue moderne. Entre le latin qu'il ne comprend plus, le français qu'il n'entend pas encore, le peuple reste isolé, comme sourd et muet, ne peut ni parler, ni entendre. Le monde d'en haut lui est fermé. « Les grandes choses du ciel ou de la terre, lui dit-on, sont trop au-dessus de toi ; parle ton patois à tes bêtes.—Mais, du moins, les choses de Dieu, les choses du salut éternel ?—Non, vilain, tu prieras des lèvres, obéis, répète ; Dieu n'a que faire d'être compris de ton âme de vilain. »

Repoussé de Dieu, le bonhomme ne le sera pas du diable. Tout en marmottant ses prières dans ce terrible latin, s'il n'entend, il voit, regarde. Il voit très-bien que le prêtre parle une langue tout haut à l'autel, une autre au confessionnal, tout bas, surtout à la femme. Il en fait de joyeux noëls, de spirituels fabliaux ; il a de l'esprit, ce muet, cet idiot ; le diable est en lui. Il est moqueur, il est conteur ; ces deux choses se touchent fort, dans un monde tout absurde, qu'on ne peut raconter sans rire. Ces récits des patois du nord envahissent la noble langue, la noble littérature, la modifient profondément. Le tout, noëls et fabliaux, contes, histoires, satires diverses, toute langue et tout patois, enfin, tout le grand courant de l'esprit national va, s'étendant à plaisir, dans cet océan de folle sagesse qu'on appelle Gargantua. D'où le fleuve ressort, rétréci, par un courant fort et terrible, c'est Molière, pour noyer Tartufe. Alors, il s'étend de nouveau, il veut embrasser le monde, il prend son dernier degré de fluidité dans Voltaire, qui, par mille formes et mille canaux, sait porter partout cet esprit. Les deux caractères primitifs de notre vieux génie gaulois, la grâce narrative, la sensibilité moqueuse, se retrouvent éminemment dans cet homme, moderne entre tous. Joignez-y un glorieux signe, propre au dix-huitième siècle, une ardeur d'humanité inconnue à nos aïeux.

Voilà, je le répète, le grand courant national. Est-ce tout ? Non, un autre fut nécessaire ; le premier était celui du bon sens spirituel ; il y manquait la langue raisonneuse, fortement logique, le second courant, qui, de Calvin, court à Port-Royal, aux Nicole et aux Arnauld. Ce n'est pas du protestantisme immédiatement que Rousseau dérive, mais plutôt, mais bien plus encore de la profonde étude qu'il

dit lui-même avoir faite des écrivains de Port-Royal.
Il eut leur force, leur vigueur de raisonnement,—
et cela, chose merveilleuse, dans un cœur de femme,
une âme charmante, une touchante mélodie;—
ravissant contraste auquel le monde n'a pas résisté;
le charme et l'austérité, la mélodie et la logique,
Pergolèse dans Calvin.

Le succès fut immédiat, immense. La bourgeoisie tout entière fut réchauffée, élevée, ennoblie, de cette langue nouvelle qu'elle prit avec passion. Les artistes, les ouvriers qui lisaient, lurent Rousseau, et l'adoptèrent. Tous ceux, de l'une ou l'autre classe, qui allaient agir tout-à-l'heure, donnèrent leur cœur à Rousseau, lui prirent ses idées et sa langue. La charmante fille d'un graveur, qui fut madame Roland, rêveuse à sa croisée du Quai de l'Horloge, fut l'élève de Rousseau, une Julie politique. Et le même Rousseau, dans les sombres cours du collège Louis-le-Grand, nourrit du Contrat social l'orphelin qui fut Robespierre.

Toute la Révolution, Constituante, Gironde et Montagne (deux hommes exceptés peut-être, Danton et Desmoulins), suivit la langue de Rousseau. Elle fut imposée à la France, écrite en lois, en journaux. Tous les résultats logiques de plusieurs siècles, toute la philosophie politique, formulée dans cette langue abstraite, arrivent un matin dans chaque village. Nulle explication préalable : « Écoutez, comprenez, croyez, nulle réplique, *Au nom de la loi!...* »

Cette langue, admirable, comme instrument de combat, avait précisément les qualités qui devaient la rendre antipathique à la grande masse du peuple, spécialement des campagnes. Elle agit puissamment sur le bourgeois et l'ouvrier, mais n'eut point d'action au-delà. Elle monta jusqu'aux mansardes, ne descendit point aux chaumières.

Les origines historiques de la langue de Rousseau expliquent tout-à-fait ceci. S'il y a faute, ce n'est à lui, mais bien à ses précédents. Le protestantisme, populaire et nobiliaire un moment, devient très-vite bourgeois, et l'est aujourd'hui. Le jansénisme, Port-royal (moins un seul homme, Pascal), est une secte bourgeoise, de mœurs et de langue. Rousseau y ajouta un élément tout nouveau, qui fit une bonne partie de son immense succès, un élément romanesque, qui ravit la bourgeoisie. Mais justement *le roman*, ce qu'on ne sait pas assez, *est indifférent au peuple* (moins certains ouvriers des villes).

Le roman, le récit d'une passion, d'une destinée individuelle, touche médiocrement le peuple; il s'y reconnaît rarement. Il veut des choses grandes et vraies. « *Est-ce bien vrai?* » dit-il toujours, quand vous lui contez une histoire. — Plus endurci que nous au mal, il ne se doute pas non plus qu'un individu, une personne, une famille, puisse occuper le monde de soi, comme il arrive dans les romans. — Le roman est trop spécial pour le peuple, trop égoïste en un sens. Et le sermon, presque toujours, l'éloquence et la rhétorique, sont pour lui trop générales; il n'y fait pas attention. Il méprise le roman comme trop individuel, s'ennuie du sermon humanitaire ou chrétien, comme d'une généralité vague. Il lui faut l'*histoire;* il faut au peuple l'histoire d'un peuple; — ou bien encore l'histoire symbolisée en naïve légende, en sublime *poésie;* nous appelons cela fiction, mais une telle poésie renferme des mondes d'histoires, des trésors de vérités. Le petit chant (en grec moderne), où disputent l'Olympe et je ne sais quelle autre montagne, contient plus d'histoire nationale qu'une chronique, plus d'histoire de mœurs qu'un roman.

La langue du roman et la langue du raisonnement, même passionnées, éloquentes, comme elles l'ont été dans Rousseau, sont des langues moyennes qui se tiennent dans une région intermédiaire où les masses ne vont pas. Celle de Rousseau accomplissait alors une œuvre limitée, mais éminemment nécessaire, réchauffer la bourgeoisie, la tirer de son égoïsme, lui ouvrir le monde du cœur, l'âme individuelle, intéresser l'individu à lui-même; c'était la force du roman; et en même temps, par la force du raisonnement abstrait, il fondait le droit individuel.

L'abstraction et le romanesque, deux barrières infranchissables entre Rousseau et le peuple.

Le peuple veut ou rire ou pleurer. Rousseau n'a sur lui ni l'une ni l'autre action.

La langue de Voltaire, à-la-fois très-ancienne et très-moderne, très-amusante et très-française, comme celle des anciens fabliaux, aurait été mieux au peuple. Il eût compris, à coup sûr, l'*Homme aux quarante écus* mieux que la *Nouvelle Héloïse*. Mais il y eut un autre obstacle. Voltaire, qui, de si bonne heure, sous Louis XIV même, commence sa longue et dangereuse lutte contre le clergé, fut bien obligé de chercher une force, un point d'appui dans la noblesse, dans les rois ; si sa langue fut plus populaire, sa vie fut aristocratique, celle d'un quasi grand seigneur. Rousseau, qui vint plus tard, trouva bien avancée l'œuvre de l'affranchissement, il trouva un peuple réveillé, il en fut l'organe politique ; il resta peuple lui-même ; si sa langue fut moins populaire, sa personne et sa doctrine le furent davantage.

Napoléon et Byron estimaient peu, trop peu la langue et les écrits de Rousseau. Ils ne reconnaissaient point tout ce qu'il y eut de grand dans la mission de cet immortel apôtre du droit. Ils ne sentaient pas assez l'émotion sincère, la vibration puissante de ce style toujours palpitant. Ce n'était pas l'homme en particulier qu'ils rejetaient, mais le genre même : le raisonnement passionné, la rhétorique et l'éloquence. Ils s'ennuyaient dans cette sphère moyenne, voulant ou le haut ou le bas, ou la simplicité la plus simple, ou bien le sublime. Sans doute, Napoléon avait droit de l'exiger ; sublime d'instinct et de calcul, il sentait à merveille le sublime des masses héroïques, instrument de son génie. Byron rêva toujours la sublimité solitaire, l'atteignit parfois ; il eut l'ambition d'un Titan ; il assure qu'il n'eut jamais d'autre inspiration que celle du Prométhée d'Eschyle.

Quoi qu'il en soit, le jugement de ces deux sévères critiques est justement celui du peuple.

J'excepte, bien entendu, la portion du peuple qui vit près des bourgeois, partage leurs lectures, leurs idées, les jalouse et les imite.

Le peuple ne suit pas volontiers la dialectique, les longues démonstrations logiques. Il raisonne, avec beaucoup de force et de finesse, mais sans mettre en dehors l'artifice du raisonnement. Ses formes de prédilection sont concentrées, elliptiques, rapides, pleines de sous-entendus. Il emploie moins le syllogisme que l'induction sommaire, l'exemple ou la parabole. Il donne volontiers aux idées des formes narratives, historiques. Aux formules, il substitue des faits. Sa devise est celle de Hoche : « Des choses, et non des mots. »

Or, les choses, les faits, c'est *l'histoire.*—Ou bien, l'histoire résumée, concentrée en images simples et sublimes, dans la *poésie* populaire.

Mais quoi ! dira-t-on, celle-ci ne disparaît-elle pas ? Ne voyez-vous pas que partout la légende va s'effaçant, les chants populaires s'oublient, la poésie périt tout-à-l'heure...—Oui, au profit d'une poésie plus haute. La légende réelle et certaine qu'a créée la Révolution écrase la vieille légende. Celle-ci, tant vieille soit-elle, n'intéresse guère plus le paysan, que le roman moderne qui peut lui tomber dans les mains ; elle est de même individuelle, elle lui semble le roman d'un saint. Elle est *vieille ;* mais l'histoire de la Révolution et de l'Empire est bien mieux, elle est *antique.* Napoléon, pour le peuple, est plus *antique* que Dagobert, et tout autant que César.

Ces grandes choses doivent être un jour reprises religieusement par l'histoire, par le drame national, au profond trésor où elles dorment, dans l'imagination du peuple, flottantes, à l'état de vagues complaintes, de noëls héroïques, non exprimés, non formulés encore. L'écueil que doivent craindre ceux qui voudront toucher à cette grande poésie, c'est d'y mêler le roman.

Rien du roman, je vous prie, ni de forme, ni de fond, ni dans les faits, ni dans le style.

Je voudrais donner des exemples de ce qu'il faut éviter, et je ne veux les tirer d'aucun écrivain du temps. Les arts s'interprètent l'un l'autre. Je tirerai mon exemple d'un autre art, et il ne sera pas moins clair. Si l'on veut savoir combien le romanesque est mortel à la poésie, qu'on aille au Louvre, au Musée des dessins, et qu'à la quatrième ou cinquième salle on regarde un dessin de Gros, qui représente l'Empereur sortant de Moscou en flammes.

L'artiste s'est préoccupé d'une circonstance touchante, l'a fait dominer, mais si maladroitement, que le pathétique en a disparu ; ce n'est plus que sensiblerie. Il s'agit des mères qui, dans l'incendie, ont perdu ou retrouvent leurs enfants ; les Français, qu'on accuse à tort, ont sauvé ces nourrissons et les rendent à leurs mères. La donnée est intéressante ; l'effet n'en est pas moins celui d'un mélodrame ridicule [1].

« C'est une ébauche, dira-t-on.. » N'importe, elle aurait été poétique, populaire, si elle eût été traitée avec force, avec originalité. Tout y est mol, vague et faible, comme dans tel roman historique. Rien n'est caractérisé d'un trait spécifique. Le Kremlin n'est pas un Kremlin; on le cherche, on voudrait revoir, en ce jour de fatalité, la sublimité fantasque et terrible de ses minarets barbares, de ses kiosques de pierre, cette Asie pétrifiée, qui nous a fait frissonner tous au

---

[1] Ce mauvais dessin ne peut diminuer en rien la tendre admiration que nous avons vouée à ce grand peintre, à ce grand cœur, qui, dans l'*Hôpital de Jaffa* et le *Champ de bataille d'Eylau*, a consacré pour l'avenir l'humanité du plus guerrier des peuples, la charité de la France. Le cœur où il puisa ces choses sublimes était à-la-fois courageux et tendre, tendre, dit-on, jusqu'à la faiblesse. De là les défauts de sa peinture, molle parfois, mais peut-être aussi son génie. — On m'a conté de lui une touchante anecdote. Un de ses élèves arrive un jour à l'atelier avec un beau papillon, vivant encore, qu'il venait de piquer à son chapeau. Gros entra dans une véritable fureur : « Quoi ! malheureux ! dit-il, vous trouvez un être charmant, et tout ce que vous savez faire, c'est de le torturer, de le détruire !.. Sortez, et ne rentrez jamais ! vous êtes indigne d'être artiste ! » Il était bien digne lui-même de ce nom, celui qui étendait sur toute la création la sympathie, le respect de la vie, l'admiration de la beauté !

panorama de Moscou. L'Empereur n'est pas l'Empereur; c'est un maigre Bonaparte, et non l'homme déjà fatigué, gras, blanc, d'une pâleur mate, qu'il était en 1812, etc, etc.

Ce qui manque ici, en tout, je le répète, c'est la spécification, tel trait précis, vif et fort, où l'objet sort du tableau, va prendre le spectateur, s'en empare, saisit son imagination et sa mémoire pour toujours.

C'est là ce qui est essentiellement populaire. Examinez tout récit de ce genre, qui sort de la bouche des hommes du peuple, c'est un tel trait, original et spécifique, qui a rendu en eux le souvenir ineffaçable. Ils n'ont pas toujours la connaissance générale du fait, mais il est entré, ce fait, dans leur esprit, dans leur mémoire et dans leur cœur, par un trait de vie qui a pénétré comme une flèche de feu.

Ces détails vivants, méprisés souvent d'un public trop gâté par le roman pour sentir la poésie, sont en revanche conservés précieusement dans les masses; ils font la vie poétique des populations que vous jugez les plus prosaïques du monde. Vous croyez le Breton ou l'homme des Pyrénées plus poëte que celui du centre, et souvent vous vous trompez.

Voyez sur la grande route, ennuyeuse, triste, blafarde, de Champagne, ce maréchal-ferrant, qui, le dimanche, fume, rêve, les bras croisés, pendant que sa femme est à vêpres. « Voilà, ce semble, un homme bien prosaïque... Que ne voyagé-je en Bretagne, aux Pyrénées, en Italie?... » Vous ne diriez pas ceci, si vous saviez qu'en ce moment, il roule dans sa tête un noël héroïque, une épopée populaire. Toutes vos légendes de campagne et tous vos romans de ville seraient bien pauvres à côté.

Je vais vous en dire un mot (mot d'un témoin oculaire, qui, je pense, d'ailleurs, n'est encore imprimé nulle part).

« Lorsque l'Empereur faisait cette terrible retraite, à travers les glaces entassées, à travers la France expirante qu'il laissait sur les chemins de la Russie, il allait, rapide et blême, enveloppé de fourrures; à droite, à gauche, sur la neige, des hommes presque ensevelis, d'autres à demi couverts déjà, mourant de froid et de faim. Ces héroïques soldats, résignés dès longtemps à la mort, ne murmuraient aucunement; ils jetaient un dernier regard sur l'Empereur qui passait. Quelques-uns des vieux grenadiers, se levant un peu sur le coude, lui adressèrent encore un mot, souriant avec douceur, usant cette fois encore de la familiarité militaire que Napoléon permettait, et ce mot, ils le dirent en russe : « Papa, *kleba!* » (Papa, *du pain!*) L'Empereur, à ce touchant appel, répondait : « *Niet kleba* » (Il n'y a pas de pain). Et il passait, sur la neige, plus sombre, et plus rapide encore. De moment en moment, il faisait un retour amer sur lui-même, sur sa gloire, répétant sans cesse ce mot : « Du sublime au ridicule, il n'y a qu'un pas. »

« Chose non moins remarquable que l'appel filial de la Grande armée expirante, les Russes de leur côté, par un sentiment non moins filial, se refusèrent toujours à croire que leur empereur, leur père, eût eu le cœur de brûler Moscou. Les témoignages les plus forts, l'évidence, ne put les convaincre. Ils perdaient à cette découverte, bien plus que Moscou elle-même, leur chère superstition, la croyance que le souverain était ici-bas une providence bienveillante, un père ou un Dieu. »

Voilà les grands souvenirs qui remplissent en ce moment l'imagination du forgeron champenois que nous avions observé, telle est sa poésie intérieure sous ce prosaïque aspect. Comment voulez-vous maintenant qu'il retourne aux légendes de sa femme, ou qu'il s'amuse au roman qu'apporte le colporteur? Non, il songe. Il se fait sa philosophie à part. Il songe qu'après Napoléon, le monde aura peine à se faire des dieux. Il songe que, trompé tant de fois par ses tuteurs, le monde pourra bien un jour, enfin, se gouverner lui-même... Mais, le songe est interrompu. Car, voici un voyageur qui vient réclamer le secours de sa forge et de son marteau. A l'œuvre donc ; le feu se rallume, du fer partent des torrents d'étincelles, et notre homme, mêlant au travail de l'ouvrier les souvenirs du soldat, bat héroïquement l'enclume du bras de la Grande armée.

HUITIÈME LEÇON.

5 février 1848.

(LEÇON NON PROFESSÉE.)

Le XVIII⁰ siècle a commencé la fondation d'un *Droit humain*, sans lequel nulle alliance possible entre les classes diverses.— Vico, Voltaire, Rousseau.—Sagesse instinctive du peuple. Nous y avons montré la base du droit du peuple. La Cité est une initiation, une éducation mutuelle de tous par tous.—Qu'est-ce que la Loi? La Loi doit formuler la pensée des masses, leur traduire leurs propres instincts. — Des malentendus sociaux. — La Vendée ignora que la Révolution était une religion. La Révolution méconnut les instincts républicains de la Vendée. — Il eût fallu révéler la Vendée à elle-même.

AVERTISSEMENT.

Quoique nous restions fidèle à la forme de cette publication, et que chaque division de ce volume porte le titre de leçon, on peut y remarquer une différence essentielle. Les trois premières sont des leçons véritables, professées effectivement au Collége de France, dans les limites propres à l'enseignement. Les suivantes, à partir de la quatrième, affranchies de ces réserves, sont moins des leçons que les chapitres d'un livre, où l'auteur use et usera des libertés de la presse, entrant dans l'exposition de ses théories plus que ne le lui eût permis la forme d'un cours.

NOTE ESSENTIELLE SUR LA LEÇON PRÉCÉDENTE.

Qu'il soit bien entendu que j'ai parlé contre les mélanges romanesques qu'on fait subir à la légende nationale, contre la langue et l'esprit romanesques, plutôt que contre le roman. J'en ai moins que jamais la pensée, au moment où j'en lis deux, admirables : La Mare au Diable, *et* Le Champy.

Notre légende nationale est le champ commun, le rendez-vous naturel, où les esprits divers, les classes qu'on croit opposées, se rapprochent aisément; véritable Champ-de-Mars où tous doivent tôt ou tard renouveler leur Fédération.—Qu'il revienne donc ce grand jour, et qu'il ne finisse plus!

Mais pour cela, il nous faut, avant tout, relever, et mieux construire, non pas cette fois en bois et en planches, l'autel immuable du droit.

« Nulle fraternité hors du droit, nul amour dans l'iniquité, nulle alliance hors du cercle que doit tracer la justice. » C'est la grandeur de nos pères, celle du XVIIIe siècle, d'avoir répondu ceci à la piété impie du moyen-âge, qui dispensait de justice Dieu et les rois, ses images, qui, pour la dernière fois, par la voix hautaine de Bossuet, enseignait que l'autorité est sa raison à elle-même, et du prêtre au roi, du roi à la terre, faisait tomber la loi d'aplomb sur la tête du peuple.

« Non, répond héroïquement ce grand XVIII° siècle, la loi monte du peuple même, elle fleurit du cœur de l'homme, et n'en est que plus divine ! »

Belle parole, douce parole, voix chérie du genre humain, nous t'entendons enfin, après tant de siècles ! Plus douce à notre oreille que la langue maternelle ne fut à Philoctète abandonné dans Lemnos !

Un admirable chœur commence alors de la France et de l'Italie.

L'humanité, dit Vico, *est son œuvre à elle-même.*— La sagesse *instinctive* des nations, va se créant, se faisant des lois, des chants et des dieux, s'humanisant elle-même, dans les voies de la Providence, devenant civilisation et sagesse *réfléchie.*

L'humanité, dit Voltaire, *est son but à elle-même.* Laissez-là vos vaines querelles, souffrez-vous les uns les autres, pauvres insensés ! Tolérance et bienfaisance, c'est la voie du genre humain.

L'humanité, dit Rousseau, *est son droit à elle-même.* Le peuple a droit et devoir d'assurer le salut du peuple. La raison de tous, c'est identiquement la Raison.

Voilà, le grand chœur : le fait dans Vico, le sentiment dans Voltaire, dans Rousseau le droit.

Ici se tait le XVIIIᵉ siècle, et il attend le XIXᵉ. — A nous de continuer.

Rousseau a dit le droit du peuple, il l'a proclamé, ne l'a pas fondé (*V.* mon Hist. de la Révol., II, 564).

Donnant pour base à ce droit l'intérêt, le salut public, il laisse la porte ouverte à l'antique objection : « Si le salut est la base du droit, le but de la cité, la science et la sagesse assureront mieux le salut qu'une multitude ignorante ; laissez gouverner les sages. » C'est le principe du prétendu droit des minorités, celui par lequel l'autorité a cru se légitimer, quand elle daignait raisonner avec ceux qu'elle écrasait.

A quoi nous répondons par un témoignage supérieur à toute logique, par celui que nous trouvons en nous, pas le sentiment et le cri du cœur : « Le droit est le droit, rien de plus, il est sa base à lui-même, il est son but. L'intérêt, le salut, ne sont qu'un but secondaire, que l'on atteint d'autant mieux que l'on a visé plus haut. »

Et si l'on veut absolument que le but soit le salut, nous prétendons que la science, la sagesse philosophique, ne l'assurera jamais seule ; il y faut le bon sens du peuple.

La science n'a pas, croyez-le bien, le monopole de la sagesse. Il y a la sagesse instinctive, la rectitude de l'instinct naturel, dont il faut aussi tenir compte, il y a l'inspiration populaire, il y a l'expérience pratique de ceux qui font et qui souffrent, qui portent le plus lourd poids de la vie.

Consultez l'histoire. Elle vous montre des sociétés qui existent pendant des milliers d'années, où la spéculation est inconnue encore. — L'humanité eût péri cent fois, s'il lui eût fallu attendre que les théories fussent nées, pour créer l'ordre social qui assurait son salut. Religions, institutions, poésies, tout cela a fleuri spontanément du génie populaire. Puis quelques-uns ont écrit, rédigé, résumé, imposé de haut aux autres ce qui fut l'œuvre de tous.

La matrice du genre humain, c'est *la sagesse instinctive*, celle des masses populaires. C'est elle qui commence tout, qui commence surtout sa rivale, *la sagesse philosophique*, elle la suit modestement, mais finalement encore, c'est elle qui contrôle tout.

En elle est le droit du peuple.

La *nature* que Rousseau atteste, est un mot trop vague, employé dans des sens trop différents, pour en faire la base du droit. Lui-même, dans ses premiers discours, il semble y voir l'excellence de l'état sauvage, la condamnation des sciences et des arts. Dans l'Émile, il y voit l'instinct naturel, bon, mais qu'il faut diriger. Dans le Contrat social, il ne parle plus d'instinct, il semble ne plus connaître que la pensée réfléchie, organiser une cité de sages et de philosophes. Mais la sagesse réfléchie, philosophique, est celle du petit nombre; comment en tirer le droit du gouvernement de tous?

Rousseau ne fonde point le droit du peuple; la Révolution non plus, elle ajoute peu à ses théories. Aussi, après eux, revient plus insolent que jamais le gouvernement des minorités. La question, laissée obscure, s'embrouille de plus et plus, avec les écoles bâtardes, éclectiques de la Restauration. Les doctrinaires arrivent, lesquels, au nom de la phi-

losophie qu'ils n'ont pas, nient l'aptitude des masses :
« Arrière le peuple ! Un jour peut-être, éclairé, formé par nous, il deviendra digne. Aujourd'hui gouvernons seuls. Nous seuls avons la sagesse. Pour le salut du peuple, le peuple ne doit pas se mêler de ses affaires. »

Voilà comme naïvement les sages de la Restauration ont restauré le droit des petites minorités, le droit que l'on suit encore.

A ces vaines théories, trois voix à la fois répondent :

La voix du présent, qui nous montre l'impuissance, la stérilité actuelle des classes cultivées qui croyaient pouvoir se passer du concours moral du peuple.

La voix du passé, elle montre que le peuple des temps barbares et poétiques a pu, sans culture, dans la rectitude de son instinct naturel, se créer un ordre civil ; la philosophie est née des milliers d'années après.

Enfin la voix éternelle de l'âme humaine nous montre, dans l'individu, que rien de puissant, de fécond, ne se fait en lui que par le concours des deux forces, inspiration, réflexion. L'inspiration, ou l'instinct, va s'éclairant, se changeant en lumière réfléchie, et, devenue telle, elle revient se revivifier à sa source, l'inspiration.

Tel est le roulement de l'âme humaine. Et tel doit être celui de la Cité ; son idéal est une âme. Dans la Cité, les hommes instinctifs et inspirés doivent incessamment se transformer en hommes cultivés, et devenus tels, ayant gagné en lumière, revenir prendre la chaleur au sein des classes instinctives.

La Cité n'est nullement une loi fixe et morte de bronze, *c'est une initiation*, — c'est l'éducation mutuelle de l'ignorant par le savant, et du savant par l'ignorant. Ce que vous appelez ignorance dans les masses, c'est l'instinct, la force instinctive, par moments l'inspiration, toujours la chaleur et la vie.

Voilà ce que j'ai dit, trop faiblement, il est vrai, dans mon livre du *Peuple*, reprenant le fil où Rousseau l'avait laissé, et fondant le *droit du peuple* sur la *sagesse instinctive*.

Ce dernier mot, ce mot profond, Vico l'avait posé, historiquement, comme un fait, sans en tirer aucun usage politique. Il l'avait fondé dans l'histoire, plus ou moins certaine, de l'obscure antiquité, dans la fable même. Je lui cherchai une base solide dans une histoire plus sérieuse, — mais surtout, je la fondai hors du temps, hors de la critique, la retrouvant cette formule dans l'âme individuelle, telle que chacun la porte en soi. — *De la sagesse instinctive à la sagesse réfléchie*, l'incessante *initiation de l'âme* me parut la profonde *image du mouvement de la Cité*, dont la vie doit être l'initiation mutuelle des classes instinctives et cultivées.

Les âmes candides et fécondes, celles des hommes de génie, qui rendent visibles leurs mouvements intérieurs par des œuvres immortelles, nous donnent en pleine lumière la démonstration de ceci. Nous voyons en chacun d'eux une Cité très-complète, où les éléments obscurs, encore instinctifs, passent incessamment dans la réflexion lumineuse; mais celle-ci ne produirait pas, si elle ne revenait prendre la vie, la chaleur aux sources naïves de l'inspiration.

Ceci est le premier mot d'une politique nouvelle. Mais pour en trouver les développements, les applications, pour la pratiquer, il faut une chose difficile, il faut prendre un autre cœur. Le génie le plus inventif ne servirait de rien ici, sans cette transformation morale. Il faut que les uns et les autres, les lettrés, les illettrés, se regardent d'un œil sympathique, et sentent bien qu'isolés ils sont également impuissants. Que peut le savant sans le peuple, ou le peuple sans le savant? Rien. Il faut que tous deux coopèrent à l'action sociale ; bien plus, il faut qu'ils alternent et qu'ils échangent leurs rôles, que le peuple monte à la science, que l'homme de science se fasse peuple, se refasse et se ranime aux sources de l'instinct et de la vie. La double circulation du sang, sang des veines et sang des artères, leur métamorphose alternative est l'image fidèle d'une Cité véritable, de celle qu'on pourra dire humaine et civilisée. La politique jusqu'ici est encore à l'état barbare.

Pour qu'elle en sorte, encore un coup, la première chose, c'est que le cœur change, que les classes opposées comprennent mieux le lien qui les unit. Voyons ce qu'elles doivent dire et penser en présence l'une de l'autre.

Que doit dire l'homme du peuple en présence du savant? « Voici un homme qui, par une éducation spéciale, par la concentration de connaissances que donnent la lecture et l'étude, représente cinquante vies d'hommes; une partie considérable de l'expérience humaine se trouve accumulée en lui. Un mot de lui peut m'apprendre que telle recherche où j'userais mon activité solitaire, est faite depuis longtemps peut-être... Cet homme m'est nécessaire. »

Et que doit dire le savant en présence de l'homme du peuple, de l'homme d'action et de travail ? « Élevé dans l'abstraction, dans une culture spéciale, dans un monde de papier, j'ai trop oublié le monde ; je n'aurais plus été qu'un livre... Heureusement voici un homme. Soldat? marin? voyageur? L'expérience a dû développer en lui ce que les savants ont le moins, le bon sens, le sens pratique... Paysan? il est resté au milieu de la nature, il a gardé, quoi qu'il fasse, quelque chose des instincts naturels... Ouvrier? supposons-le même de cette classe d'ouvriers où le métier n'est qu'obstacle pour l'esprit... Eh ! bien, c'est encore un homme. Il a vécu et souffert; le sentiment journalier d'une réalité pénible l'oblige à regarder les choses autrement qu'on ne les voit à travers les livres; cet homme est bien autrement intéressé, engagé en ce monde ; moi, j'y suis pour mes systèmes, lui pour la vie ou la mort de sa femme et de ses enfants... Rapprochons-nous. Le spectacle seul de sa vie plus positive m'aidera à sortir de l'artificiel, de l'abstrait, de la scolastique... Cet homme m'est nécessaire. »

Voilà le point de départ de toute politique sérieuse : que les deux classes comprennent le besoin qu'elles ont l'une de l'autre, qu'elles sachent que chacune d'elles a dans l'autre son éducation, qu'à ce titre elles se rapprochent, s'estiment, se respectent, qu'aucune des deux n'imagine qu'elle seule a la sagesse et doit l'imposer à l'autre. Non, la science, la haute culture des premiers n'est pas la sagesse, et n'a pas droit de régner. Non, l'instinct, l'énergie des autres, lors même qu'on y reconnaît l'heureuse inspiration naturelle, n'est pas non plus la sagesse, et n'a pas droit de régner. La sagesse résulte de l'union des deux forces; alors qu'elle soit la reine, alors qu'elle soit la Loi.

La Loi résulte de l'union, du mariage de la Cité.

Elle impose aux uns et aux autres ce qu'ils ont voulu ensemble. C'est la voix de l'alliance. Chacun y reconnaît ce qu'il eut dans l'instinct, dans la pensée.

Il ne s'agit plus ici du vieil et barbare idéal d'une loi, étrangère aux hommes, qui du ciel apporte des tables de pierre et les en écrase. — Il ne s'agit plus d'un législateur oracle, qui proclame ses énigmes, et comme le sphinx, dévore celui qui n'a pas compris.

Non, la Loi est la fille spontanée de l'âme humaine. —Son secret est tout analogue à celui de l'Éducation. Celle-ci enseigne à l'homme ce qu'il a en lui, elle lui traduit, lui éclaircit, lui montre en pleine lumière ce qu'il eut en germes obscurs. — Eh bien ! de même la Loi commande à l'homme ce qui fut en lui, ce qu'il a voulu, d'accord avec tous, dans ses moments vraiment humains, au jour où il fut vraiment lui.— Il l'a voulu peut-être d'une volonté faible et passagère qu'eût changé la passion. Il s'interdit ce changement, et sa volonté meilleure, il la pose en Loi, et lui dit : « Préserve-moi de moi-même; fais que je me sois fidèle, sois ma règle, ô mon meilleur jour ! »

Cette noble initiative est le patrimoine de tous, l'apanage légitime de l'humanité. La Loi doit sortir ainsi d'un noble mouvement de tous, du sacrifice de tous; tous, en se posant la Loi, immolent en esprit la passion, l'intérêt, renoncent solennellement d'avance à ce qu'ils pourraient leur dicter.

Qui a droit d'interdire au moindre des hommes la participation à ce sacrifice sublime? Tous doivent y contribuer selon leur mesure, leur état d'esprit et de volonté, les instinctifs de leurs instincts, les réfléchis, les abstraits de leur réflexion abstraite. La Loi doit les exprimer tous, leur ordonner généralement ce que déjà ils faisaient, ce qui étaient dans leurs mœurs, mais aussi ce qui était dans leurs tendances, ce qu'ils voulaient faire, parfois ce qu'ils *voulaient vouloir.* — Tout en formulant la pensée certaine, elle doit pressentir la pensée obscure, consulter l'instinct même qui ne sait pas s'exprimer, y puiser l'inspiration du progrès.

Là se place le droit des faibles, des muets, de ceux qui, même consultés, ne peuvent répondre encore, le droit des majorités inertes qui souvent ignorent leur droit, le droit des minorités qui parfois s'ignorent et se trompent sur les causes de leur opposition au mouvement général. Celles-ci, il ne s'agit pas de les briser cruellement, mais par les moyens de l'éducation, de la civilisation, d'une habile propagande, orale ou écrite, de les assimiler au tout, de les fondre, de leur faire comprendre comment (souvent à leur insu) elles rentrent dans la majorité dont elles méconnaissaient l'esprit.

Non, la loi n'est pas un maître, un tyran, un bourreau. Elle est l'interprète des peuples, l'intelligent et bienveillant organe de tous ; elle leur traduit leur pensée. Son action indirecte, plus importante encore que son commandement direct, conduit les hommes à laisser les diversités de formes par lesquelles ils se croyaient opposés les uns aux autres, leur révèle leur union dont ils n'avaient pas conscience, les oblige d'avouer que, sous des mots différents, ils voulaient les mêmes choses.

Pour bien entendre ceci, prenons un exemple, bien près de nous, en nous-mêmes (il saigne encore dans nos entrailles), le plus terrible exemple, je crois, dont l'histoire offre le souvenir : le cruel malentendu qui mit aux prises la République et la Vendée.

La Vendée ne vit point que l'impiété révolutionnaire était une religion, la religion nouvelle, qu'elle avait sa foi, ses martyrs. La Révolution ignora les instincts profondément républicains du paysan de Vendée.

L'homme de l'ouest, en général, se caractérise par un vif amour de l'indépendance. Le seul accent des Vendéens révèlerait ce caractère, qui en eux est le fonds du fonds. Il faut ici laisser les romans qu'on nous a donnés pour histoires. En Vendée, comme partout, l'ancien patronage des seigneurs ne subsistait plus ; les nobles endettés livraient leurs fermiers aux hommes d'affaires auxquels ils engageaient leurs biens. Il y parut en 89, où les gens de Maulevrier prirent les armes contre ces corbeaux qui venaient les dévorer. La rancune du paysan contre le procureur remontait aux seigneurs, aux nobles en général ; des quatre bœufs qu'il attelait à la charrue, le plus mauvais, celui sur qui il frappait le plus, il l'appelait *nobliet*, autrement dit, fainéant.

Il tenait bien plus au prêtre pour une double raison. Le prêtre d'abord, c'était le paysan même, son fils, son frère, son cousin ; le bas-clergé tout entier sortait des campagnes. Ce prêtre ensuite avait influence par la chose même qui fesait la passion du paysan, il le tenait *par la terre*, je veux dire par la puissance que le prêtre et le sorcier ont de bénir ou maudire, de jeter un bon ou un mauvais sort sur la terre et les bestiaux.

La Vendée et le Finistère présentèrent un spectacle absolument différent.

Au Finistère, la loi nouvelle trancha en faveur du paysan une question litigieuse, celle de savoir si le fermier qui, pour un maître ou seigneur, cultivait la terre de temps immémorial, comme congéable, n'était pas cependant en réalité le légitime propriétaire. Le paysan du Finistère, attaché ainsi à la Révolution, ôta aux résistances bretonnes l'unité formidable qu'elles auraient pu avoir. Les Bretons du Morbihan ne purent agir, sans avoir des Bretons à dos.

En Vendée, tout au contraire, le paysan, éleveur de bestiaux, et réalisant ses ventes en argent, qu'il confiait souvent aux nobles, voyait son argent partir, émigrer avec les nobles. — Et on lui ôtait, avec son prêtre, la bénédiction de la terre.—Son épargne disparaissait, et sa terre n'allait plus produire; plus d'argent, plus de moissons.

Pour comble, la Réquisition vint le prendre à son foyer. La milice en aucun temps n'avait bien pu se lever chez ce peuple peu docile; l'épais Bocage vendéen, sous nos rois, cachait force réfractaires. Cette fois, le peuple entier le fut. — Dans la Vendée, le général en chef fut un colporteur, le commandant de la cavalerie fut un cordonnier. Dans la Mayenne, le chef fut un sabotier, Jean Chouan.

Une république vendéenne se fit contre la République.

Quelque peine que les écrivains royalistes se soient donnée pour défigurer cette histoire, ils n'ont pas caché pourtant que partout le mouvement fut celui des paysans et artisans de village. Ils allèrent trouver les nobles, les prièrent, les pressèrent, leur mirent l'épée à la main.

Nous décrirons un jour ce grand mouvement populaire, en marquant bien toutefois ce qui s'y mêla d'artificiel, ce qui fut de l'instinct spontané du peuple, et ce qui fut des ruses, de l'intrigue du clergé. Pendant que la Révolution adressait à ce pays des lois qu'il n'entendait point, dont personne ne lui fesait sentir la portée salutaire dans l'avenir, le clergé, bien plus adroit, agissait par des moyens tout appropriés à ce peuple simple, des sermons pleins de menaces et de calomnies, des apparitions, des vierges miraculeuses, de fanatiques pèlerinages. Parmi les dévots colporteurs qui agissaient pour le clergé, répandaient les brochures, sermons et fausses légendes, se trouvait un homme fort, simple d'extérieur, plein de courage et de sens, le célèbre Cathelineau. Maçon d'abord, mais fort chargé de famille, il avait été obligé de prendre un métier plus lucratif, où l'on devait gagner gros au service du clergé, le métier de colporteur. — Ce fut lui qui, plus que personne, prépara le soulèvement par un petit conseil très-simple, qui montre pourtant le vrai génie populaire qui était en lui; il conseilla aux paroisses qui avaient des prêtres assermentés de voiler aux processions le crucifix d'un crêpe noir, de montrer le Christ en deuil. Rien ne frappa davantage les imaginations, n'éveilla mieux le fanatisme, jusque-là très endormi.

L'explosion fut, comme on sait, décidée par la Réquisition. Cathelineau qui, dans ce moment décisif, faisait tranquillement son pain, et avait les bras dans la pâte, apprenant qu'enfin l'affaire éclatait, essuya simplement ses bras, et prit son fusil.

Après le premier succès, les Poitevins, où dominaient les gentilshommes, ouvrant un avis contraire à celui de Cathelineau, le colporteur parla avec une gravité forte, qu'on n'eût attendue nullement : « Messieurs, dit-il, en vous associant à nos travaux, nous n'avons pas entendu nous donner des maîtres. Nous, Angevins, nous faisons la guerre, comme le comportent le temps et les lieux ; si cela ne vous va pas, séparons-nous, et chacun se battra à sa manière. » Le résultat fut de créer, pour assurer l'union, un conseil supérieur, sous l'influence du clergé.

A Saumur, on se battait depuis plusieurs heures ; Cathelineau, d'un lieu élevé, embrasse la mêlée d'un coup d'œil, voit le mal et le remède, le fait voir aux gentilshommes, et la bataille est gagnée.—Le lendemain, M. de Lescure, le général poitevin, proposa de nommer général en chef le colporteur de l'Anjou. —Ceci, le 12 juin.—Le 29, les Vendéens, devenus une grande armée, entreprirent d'emporter Nantes. Cathelineau, ayant eu déjà plusieurs chevaux tués sous lui, entra à pied, à la tête de trois cents hommes, ses parents ou amis, hommes de son même village, pénétra au fond de la ville, et reçut le coup mortel.

Voilà l'homme de la Vendée. Il a été un peu amoindri et mis dans l'ombre par les chroniqueurs royalistes, plus occupés des gentilshommes. Nous essaierons bientôt de remettre les choses dans leur vraie lumière. Nous rétablirons l'élément populaire des guerres vendéennes. Nous mettrons en face la légende trop effacée des républicains qui les combattirent à travers les plus mortels obstacles, affamés quand le Vendéen avait les vivres en abondance, entravés par les directions contradictoires des représentants plus (ardents qu'instruits des choses de la guerre), calomniés, enfin, menacés par les lettres de ceux qui chaque jour demandaient à Paris qu'on guillotinât Kléber [1] et Marceau.

Pour revenir, ces paysans de l'ouest ne furent ni bien compris, ni gagnés habilement par une propagande appropriée à leur génie. Ils n'avaient pas été aussi insensibles qu'on le croit au premier, au sublime éclair de la Révolution ; ceux de la Mayenne, qui furent les chouans, avaient été en 90, aux portes du Mans, baiser, pleins de piété, l'autel de la Fédération.

Il était bien facile de prévoir que, si l'on se laissait gagner de vitesse par l'intrigue du clergé, il y aurait dans les campagnes de violentes résistances. Ces populations avaient toujours résisté, plus ou moins, au gouvernement du centre, pour la milice surtout. Au XVI° siècle, la Vendée fit une guerre terrible au Roi pour repousser la gabelle. Il fallait agir sur le Vendéen, comme on agit sur le Breton du Finis-

[1] Un mot ici pour Kléber, sans à propos ; mais mon cœur m'oblige de dire ce mot. Une seule personne reste de la famille de Kléber, sa nièce, à Strasbourg, dans l'état le plus indigent. La France s'est-elle donc tellement oubliée elle-même qu'elle ne sente point la honte d'une telle ingratitude ?

tère. Il avait engagé ses épargnes dans les mains des nobles ; on devait le rassurer sur la solidité de ses créances, lui faciliter les moyens de prendre hypothèque, spécialement sur les terres de ceux qui partaient pour faire la guerre à leur pays. Il fallait, en accélérant la vente des biens du clergé, vendre d'abord ceux que pouvait acheter le paysan, non les édifices, mais les terres, en menues parcelles. Il fallait bien lui montrer que les familles rurales ne perdaient nullement les ressources que l'ancien régime leur offrait pour placer leurs enfants ; qu'outre le bas clergé, la Révolution préparait pour les jeunes paysans toute une armée civile à recruter, trente mille maîtres d'école payés par l'État, non par les communes, ou mariés, ou mariables, et, dans ce dernier cas, prenant aisément racine dans le pays même, épousant des filles du lieu, et faisant ainsi l'alliance de l'esprit local et de l'esprit central, dont ils seraient les propagateurs.

Nous ne reprochons rien à la Révolution. Le temps manquait, les embarras étaient immenses, l'accablement, le vertige inexprimable. Ceci n'est point une critique que nous adressons à nos pères. Nous nous parlons à nous-mêmes, et pour notre instruction.

Quoi qu'il en soit, nous croyons qu'à côté de la propagande du clergé, il en fallait une, non pour les villes seulement, la plupart converties d'avance, mais pour convertir les campagnes.

Ces Vendéens valaient bien qu'on y travaillât ; ils méritaient d'être, non vaincus, mais persuadés. En combattant contre la France, ils étaient Français de cœur, puisqu'ils aimaient mieux périr que d'appeler l'étranger. Un d'eux, d'Elbée, qui était allé à Coblentz, en revint bien vite, ne pouvant tolérer les hommes de l'émigration.

On perdit les précieux moments où l'on eût pu se faire comprendre. On donna le temps au clergé d'intervertir les rôles, de se faire de la Vendée une sorte de république, tandis que la République, poussée par la nécessité vers la dictature, devenait une monarchie.

Il y eut alors ce choquant contraste : la révolution, n'employant que les moyens négatifs, hostiles, semblait n'en vouloir qu'au corps, ne demander que deux choses à la Vendée : de l'argent et des soldats. Le clergé, employant les sermons et tous les moyens mystiques, semblait s'adresser à l'âme. Dans ce renversement étrange, les ennemis de l'esprit faisaient appel à l'esprit ; les ennemis de la liberté organisaient la résistance contre la liberté même.

L'erreur de la révolution, telle qu'elle apparaît déjà dans les systèmes absolus et les esprits absolus qui mènent le dix-huitième siècle, fut de se reposer entièrement sur le pouvoir de la Raison, de lui croire une si invincible clarté, un attrait si irrésistible, qu'elle n'aurait qu'à paraître, le monde tomberait à genoux ; ils ne s'enquirent nullement des voies et moyens. Une fois en possession de Voltaire et de Rousseau, appuyés sur cet Évangile, dans les vingt années qui suivirent, ils y ajoutèrent peu, ou rien. Sieyès formula quelques généralités, un judicieux plan d'attaque contre le pouvoir central. Quant aux résistances populaires qui pourraient se faire à la cause même du peuple, personne ne les prévit.

Personne ne s'enquit des campagnes. La ville les méprisa. La philosophie dédaigna l'instinct, cette vaste et féconde moitié de la nature humaine. On s'arrêta à la forme ; et toutes les résistances étant également méconnues, enveloppées sous la vague dénomination de fanatisme, royalisme, etc., on ne s'avisa pas d'apprécier tout ce qu'il y avait d'instinct républicain dans ces paysans qui se croyaient royalistes. Pourquoi ceux-là résistaient-ils ? parce qu'ils étaient de tout temps portés à la résistance, indépendants de caractère et d'habitudes. Il eût fallu leur trouver le rapport de ce républicanisme local à la République, leur montrer qu'elle seule pouvait répondre enfin à leurs instincts de liberté comprimés pendant tant de siècles, mais nourris dans la solitude, sans compagnons que leurs bœufs, sans expression que les voix sauvages qu'ils leur adressent en poussant la charrue sous l'ombre du Bocage vendéen.

NEUVIÈME LEÇON.

10 février 1848.

(LEÇON NON PROFESSÉE.)

Suite de la leçon précédente. — Nos législateurs devaient fonder la loi dans l'opinion, dans l'éducation. Personne n'a pris au au sérieux la souveraineté du peuple. La France non consultée pendant soixante ans. La loi toujours neutralisée. Tiraillement du corps social. Mélanges monstrueux. Mort commencée. Le poëme du *Dernier Homme*. Il suffit qu'il reste *un homme*, une étincelle morale. Devoir du jeune homme. Qu'il puise la force morale en lui. Ce n'est pas un miracle du génie qu'il faut, mais un miracle du cœur. Les grandes révolutions morales n'eurent de nouveau que l'appel au sacrifice. Exemples de la Révolution indienne, de la chrétienne, de la nôtre. La nôtre ne fonda pas la loi dans la volonté, par une éducation appropriée. Il ne faut ni démêler, ni couper le fil trop mêlé. Il faut, d'un grand cœur, entraîner le monde dans une sphère supérieure. Il faut que la fraternité marche devant la loi, lui fraye un chemin. Comment on peut commencer l'œuvre dès aujourd'hui, hors du monde des disputes. Consei à un jeune homme.

Unité d'âme et d'esprit, si profondément troublée à cette heure, sainte fraternité de nos pères, presque oubliée aujourd'hui, voilà ce que nous cherchions dans les deux leçons précédentes, sur la Légende et le Droit.

Notre pensée en tout ceci est celle d'un homme qui, sentant en lui une division profonde, sentant son cœur qui s'en va, tiraillé en sens invers, met sa main sur sa poitrine, se cherche, se dit : « Et pourtant, au fonds, je suis un, je suis moi encore. »

Cette unité, nous la demandions d'abord à la communauté de légende nationale, ensuite à celle du droit. — Légende, hélas! affaiblie. Droit incertain, impuissant.

Le XVIIIe siècle aima l'humanité, voulut un droit humain, le promulgua.—Mais il ne sut le fonder.

Fonder! ce mot a deux sens.

Une chose fondée est assise sur un principe solide et certain. — Or, le XVIIIe siècle ne sut pas la base du droit, qui est le droit même; il s'en alla chercher au-dehors un principe du droit étranger au droit, l'intérêt, le salut public.

Une chose fondée est entourée de ses conditions d'existence, de ses garanties, des moyens qui en assurent la durée.—Or, le XVIIIe siècle ne sut pas assez que ce n'est rien d'écrire des lois, si l'on ne prend les moyens de les faire accepter, de les assurer dans l'avenir.—Le premier de ces moyens, c'est l'éducation, celle des enfants, celle des hommes. Nos législateurs regardèrent l'éducation comme un complément des lois, ajournèrent à la fin de la révolution cette fondation dernière; c'était justement la première par où il fallait commencer. — Le symbole politique, la Déclaration des droits étant une fois posés, il fallait, pour base aux lois, mettre dessous des hommes vivants, faire des hommes, fonder, constituer le nouvel esprit par tous les moyens différents, assemblées populaires, journaux, écoles, spectacles, fêtes, augmenter la révolution dans leur cœur, créer ainsi dans tout le peuple le sujet vivant de la loi, en sorte que la loi ne devançât pas la pensée populaire, qu'elle n'arrivât point, comme une étrangère, inconnue et incomprise, qu'elle trouvât la maison prête, le foyer tout allumé, l'impatiente hospitalité des cœurs prêts à la recevoir.

La loi, n'étant nullement préparée, nullement acceptée d'avance, sembla, cette fois encore, comme les anciennes lois qu'elle remplaçait, tomber durement d'en haut. Cette loi, tout humaine qu'elle fût, se présenta comme un joug, une nécessité, aux populations surprises. Elle voulut entrer de force, dans un terrain où elle n'avait pas préalablement ouvert le sillon ; elle resta à la surface.

L'Assemblée constituante avait pourtant une occasion magnifique, irréparable; elle trouva la situation tout entière ; il eût fallu la bien prendre. Elle eut un moment unique, l'année 1790, où le cœur de la France, ignorante et non préparée, s'élança au devant des lois. Il fallait, au lieu de se perdre dans un détail de lois secondaires, s'en tenir d'abord à deux choses : 1° Prendre la force, l'épée, l'épée de justice, l'armée et les tribunaux ; 2° Fonder et fortifier la foi de la Révolution par une propagande immense, une puissante éducation des hommes, qui leur fît comprendre l'œuvre qu'ils faisaient, leur révélât leurs propres pensées, tout ce qu'ils avaient dans le cœur, *les fît vouloir ce qu'ils voulaient...* chose rare; presque toujours nous voulons la volonté des autres, ce que suggère la ruse, l'intrigue, l'intérêt.

Pour avoir cette noble ambition d'agir sur les

ames, pour se faire scrupule d'imposer aux hommes des lois incomprises, il eût fallu que la Constituante eût un respect délicat et profond de la souveraineté du peuple que personne n'a eu jamais. Elle la proclamait en principe, y croyait peut-être, mais comme d'autres y ont cru depuis, comme à une chose d'avenir qu'on peut toujours ajourner. Chaque parti qui arrive reconnaît volontiers la souveraineté du peuple, à condition toutefois que celui-ci diffère son avénement. « Tu régneras par la suite, lui dit-on, obéis pour aujourd'hui. » Ainsi vont régnant toujours les minorités, avec un langage plus ou moins poli pour le pauvre souverain.

Depuis ce jour de 89, où on lui permit de voter, et encore seulement pour élire les électeurs, depuis qu'il donna son suffrage (celui des six millions d'hommes faits qui étaient alors en France), il est redevenu muet. Personne ne s'est plus informé de ce qu'il pensait et voulait. Chacun hardiment a parlé pour lui. « Je suis le peuple, dit 93, partant je suis absolu; je ne consulte point le peuple.» — «Je suis le peuple, dit Napoléon, partant je suis absolu...» — «Je suis le peuple, dit Juillet, et sorti des barricades, etc., etc. »

La loi de la Révolution, émanée du droit du peuple, mais sans rapport fixe avec lui, n'étant fondée en lui par nulle éducation, nulle action civilisatrice de la puissance publique, cette loi, dis je, s'en est allée, orpheline et sans défense, à la grâce de Dieu, pendant ces cinquante années. Hélas! si elle vit encore, ce n'est pas faute d'avoir été cruellement mutilée, torturée et démembrée. D'abord, des gouvernements de ruse ou de violence lui ont arraché des membres, qu'ils remplaçaient par d'autres, d'une tendance opposée; elle s'en va, contrefaite, bizarrement faussée de lois de réaction. Puis, dans les membres qu'on lui laisse, on pratique tous les jours la perfide opération d'injecter un autre esprit. Ce demi-siècle pourrait se définir : un complot persévérant de la jurisprudence pour exterminer la loi en dessous, sans y toucher en dessus.

La politique fait deux choses. Elle dit au peuple : « Née de la Révolution, je dérive tellement du peuple, que jamais le peuple n'a besoin de parler lui-même.

—Qui parlera? mes juges, pour condamner la Révolution, je les prendrai au fond même de la contre-révolution.—Qui parlera? le prêtre, contre qui la Révolution s'est faite. Je lui donne, outre ses confessionnaux, ses écoles, ses sœurs d'hôpitaux, je lui donne quarante mille tribunes, d'où il puisse écraser la Révolution. »

Ainsi va le corps social, tiré en deux sens; un vigoureux attelage tire à l'occident, et un autre à l'orient.

Voilà le supplice extérieur, que tout le monde peut voir; et il y en a un autre au dedans, qu'on remarque moins. Le patient, dans ce tiraillement douloureux, ne garde pas l'unité intime, qui réagirait, qui rassemblerait incessamment sa personnalité divisée. Cette âme n'est pas seulement divisée, elle est mêlée d'éléments ennemis. Le pis, ce sont les mélanges.

Mélanges bâtards, hétérogènes, mortels à qui les reçoit, ils ne s'arrangent entre eux qu'en annullant la vie propre du pauvre être qui s'en trouve le théâtre. Des générations parasites qui se font ainsi dans un corps vivant! horreur, dégoût, profond dégoût... J'ai entendu un homme, jeune, robuste, vigoureux, qui, plusieurs années durant, avait eu le ver solitaire ; il se souvenait avec effroi de l'abominable sensation qu'il y a à se trouver doublé d'un monstre qui a sa vie, ses caprices, ses mouvements personnels au fond de votre personne.

Dès vies paradoxales, monstrueuses et contradictoires, vivent dans la vie de la France. Monstrueuses. Le ver solitaire au moins est selon la nature. Mais, qui tolérera l'Angleterre en pleine France, nos fameux amis du peuple, plus anglais que les Anglais, courtisant nos ennemis, pour être maîtres chez nous ? Qui tolérera le prêtre, brisant la chaire de liberté, et chantant la liberté dans une chaire de mensonge ?

Ce peuple est triste, dit-on, je ne m'en étonne pas.

Avez-vous bien examiné ce que c'est que la tristesse ? Elle résulte généralement d'une discorde intérieure d'esprit ; elle nous vient quand nous sentons le tourment de l'*homo duplex*. La vie, c'est surtout l'unité. La mort, c'est la division. Percevoir la division en soi, c'est un avant goût de la mort. —

Maintenant, demanderez-vous pourquoi ce peuple est si triste?

Les êtres aisément divisibles, les polypes, etc., où la vie a peu d'unité, sont moins vivants par cela même. L'être, fortement un, profondément solidaire en toutes ses parties, comme est l'homme, a beaucoup de vie ; il est haut placé dans l'échelle des êtres. — La France, de moins en moins une, sentant son unité vitale, sa personnalité qui s'en va, descend aux êtres inférieurs ; elle a bien raison d'être triste.

Triste à mort, comme dit la Bible. Triste d'une mort commencée.

Il est temps que l'individu, que chacun de nous, Messieurs, se touche et se tâte le pouls, apprécie la quantité de vie qui reste, les ressources que cette France défaillante peut trouver en lui.

« Mais que peut un individu?... réduit à lui, que fera-t-il?... Que ferai-je moi, sur qui m'appuyerai-je? La loi, née du privilége, fille des minorités, craint toute association. Mon ami, mon camarade, mon associé naturel, est tout entier à l'intérêt, au plaisir, au bruit, que sais-je? Divisé en lui, dissipé comme il est, il est l'image de la division profonde d'un monde qui se dissipe en poudre. Comment songerait-il au mal, au remède? Ce mal est en lui, est lui. »

Il ne faut pas s'informer du voisin, mais s'informer de soi-même.

Qu'il reste *un homme* en France, la France n'est pas perdue.

Dans le douloureux poëme de Grainville, intitulé *Le Dernier homme*, le globe de la Terre, après d'innombrables calamités, desséché, usé, éteint, tend à une mort prochaine; le génie même du globe, lassé, découragé de vivre, aspire à ce dernier repos; il ambitionne la mort. Elle ferme l'oreille à ses prières. Pour qu'il obtienne la fin désirée, il y a une condition, c'est que le dernier homme meure... Alors la Terre et son génie, délivrés de la charge pesante de vivre, entreront au grand sommeil. Mais tant qu'il reste un seul homme, la vie reste toute entière, il n'y a pas moyen de mourir; tout peut ressusciter par lui.

Oui, Messieurs, tant qu'il y a *un homme* en France, *un homme* digne d'un tel nom, la France ne mourra pas, la chose est impossible. Par lui, tout peut recommencer.

Il faut une âme. Il faut que la vitalité commune reprenne l'étincelle au foyer de l'individu. Il suffit d'une étincelle morale.

Ne regardez donc pas tout autour pour voir si le monde s'ébranle. Ne vous figurez pas que pour remettre un monde dans le chemin de la vie, il faille l'effort d'un monde.

Les basses et grossières idées de la mécanique, où le mouvement se mesure à la force de l'impulsion, ne peuvent servir ici. Cherchez plutôt des analogues dans les phénomènes électriques, où l'imperceptible étincelle peut tantôt lancer la foudre, tantôt, par un plus grand miracle, susciter une herbe, une fleur.

Et l'étincelle morale, de qui devons-nous l'attendre? De vous, hommes de loisir? ou bien de l'homme de travail?

Ah! votre foyer est bien froid, je vous vois bien allangui d'ennuis, ou de jouissances.... Je me fierais bien plus à l'ardent foyer du peuple...

Mais quoi! si j'entre en son triste logis, aux heures

de repos, que verrai-je qui me donne espoir? Je vois un homme qui dort accablé du travail du jour, je vois une femme qui veille.... C'est le pain, ce sont les enfants, c'est la rareté du travail, c'est le loyer qui va venir... Le *terme*, fatalité du pauvre, qui lui mesure le temps et lui fait haïr les jours; le *terme*, mot terrible! que vous ne savez pas, jeune homme, et qui fait que la mère de famille, des nuits tout entières, veille et pleure sur l'oreiller.

Comment donc pourraient-ils élancer leur pensée vers l'avenir? ils sont écrasés du présent. Comment déployeraient-ils les ailes de l'âme sous cette montagne de maux?

A vous, jeune homme! La responsabilité de l'avenir vous revient, le monde a besoin de vous.

Vous avez la vie légère, vous avez la santé, le temps, la liberté de l'esprit. Si vous avez des obstacles, presque toujours ils sont vôtres, et de votre volonté. Vous n'avez pas le matin à vous lever en sursaut, craignant que l'heure ne soit passée, aux derniers tintements d'une cloche de manufacture. Vous ne craignez pas que le boulanger ne refuse le pain, ne ferme sa porte. Vous ne craignez pas en sortant de trouver la longue et chagrine figure du marchand qui se lasse enfin, du portier, du propriétaire.

Libre d'esprit! grande parole, pour qui saura la comprendre. Libre de temps, de pensées, de rêveries, de travail, de fécond repos. Libre de s'orienter, de s'enquérir, de chercher dans les livres et dans les hommes!

Ah! crois-moi, surtout, cherche en toi. — Demande à ton cœur, à la force que te donneront les sacrifices personnels, les privations volontaires. — Puise en ta vaste sympathie pour ces masses inconnues, qui meurent d'une mort muette, puise en tes larmes solitaires….

Qu'est-ce que la solitude? Est-ce de broyer son cœur sur son cœur, pour tel chagrin de jeunesse? Est-ce de rêver, de laisser vaguement couler la vie, comme cette religieuse de la légende qui s'oublia trois cents ans à écouter le rossignol?… La solitude, c'est la concentration d'un cœur puissant, qui se prépare et se réserve, qui amasse la force morale. La solitude, c'est le premier sacrifice d'un homme dévoué aux hommes, qui ne s'éloigne d'eux que pour les servir. Solitaire, pour être sociable; fuyant les heureux, les brillants, ceux à qui la vie est un jeu, pour s'approcher d'autant mieux de la vie réelle.

« Mais à quoi me servira l'éloignement de la société, la concentration de pensées? — Suis-je sûr d'en obtenir le prix?... Suis-je bien l'homme nécessaire? Ne faut-il pas aujourd'hui une force toute exceptionnelle, qui donne un élan, une idée? Le monde semble attendre quelque chose de grand, d'inouï... Un miracle viendra à son secours, un coup de génie; le génie le sauvera... »

Le miracle qu'il nous faut, c'est un miracle du cœur, la grandeur, force et persévérance de la bonne volonté. Avec cela, ne craignez rien, les paroles viendront toujours. Les mots n'ont jamais manqué, depuis le commencement du monde. Toutes les fois que le cœur est plein de pensées généreuses et de hauts désirs, quand il est comble et déborde, les paroles roulent en torrents.

Ne vous figurez pas que les grandes révolutions morales aient été des inventions inouïes, de merveillenses découvertes de l'intelligence. Elles furent la forte et simple révélation de ce qui tout naturellement couvait dans le cœur de l'homme.

Le beau du monde moral, c'est de créer sans créer, de faire ce qui était déjà. L'éducation crée dans l'enfant ce qu'il avait dans l'esprit. La loi crée dans la société ce qui était déjà dans la volonté de l'homme. Les nouvelles religions de même ; elles disent à l'homme le nom du dieu qu'il sentait, sans le nommer.

La belle révolution indienne qui brisa la fatalité des castes, qui ouvrit une morale nouvelle à quatre ou cinq cent millions d'hommes, elle fut moins un coup de génie qu'un miracle de la volonté.

Leur légende le dit admirablement, dans une forme simple et sublime. Un guerrier veut monter à la caste supérieure, à celle des brames. Repoussé et méprisé, *il veut*, et il devient plus que brame. Il s'enfonce dans une forêt, se plonge dans une austérité de vie incroyable, concentre ses facultés, se ramasse en lui, *retient son haleine* pendant un temps infini. Dans cette concentration, il acquiert une énorme puissance dont la nature commence à être fort inquiète. Les brames viennent, les génies viennent, les dieux viennent, alarmés, tremblants; ils prient le terrible ermite de suspendre un peu ses austérités, de reprendre haleine, de ménager l'univers; les trois mondes auraient disparu au froncement de son sourcil.

Voilà la caste brisée; le guerrier se trouve au-dessus des brames. Les dieux voient qu'il peut détruire... — Attendez, il peut créer. Voilà ce que ni les dieux, ni les hommes ne prévoient. Bouddah, de la même caste, moins terrible et plus puissant, vient doucement annoncer que toute caste est égale, que tout est ouvert en ce monde aux hommes de bonne volonté. — Les brames, jusque-là, se targuaient d'une absurde comparaison, assimilant le brame au fruit, le guerrier aux branches de l'arbre, le vil paria au pied. Bouddah répond simplement en montrant un arbre de l'Inde qui produit également au pied et aux branches, et donne des fruits par la racine.

Le christianisme est de même admirable de simplicité. Il emprunte des dogmes à l'Asie, des subtilités à la Grèce; mais sa force est celle du cœur; par elle, il étonne, il enlève tout le monde antique. Les peuples entraient sans espoir sous la loi de l'Empire éternel, ils y trouvaient l'égalité d'esclavage, la fraternité du malheur. Ils l'acceptaient, sans la vouloir. Le christianisme la leur fit vouloir, embrasser ; la mort commune des nations, dès qu'elle fut voulue, ne fut plus la mort; la vie fut au fond du sépulcre.

Notre Révolution non plus n'annonça rien d'inouï. Les idées qu'elle apporta n'étaient pas tombées du ciel. Elle fut un miracle, sans doute, mais celui de la volonté.

Le 4 août, vers minuit, le 14 juillet, à midi, la France monta bien haut vers Dieu. L'élan du cœur fut admirable. L'intérêt, l'orgueil, toutes les causes des divisions humaines semblaient périr pour toujours.

Le soleil des Fédérations eut le surprenant spectacle d'un même cœur de vingt millions d'hommes. Et le prodige, c'est que cet état sublime ne fut pas d'une heure, comme on l'avait dit ; il dura des mois entiers.

J'ai dit ailleurs la terrible conjuration intérieure et extérieure qui tira la France du ciel à la terre, la força de prendre l'épée, de combattre, lui changea le cœur.

Néanmoins une cause, non moins grave, de ce fatal revirement, est celle-ci : La loi fut dite, elle ne fut pas voulue.

Pour la faire vouloir d'abord, il fallait la faire comprendre ; il fallait, dès 89, organiser avant tout la grande éducation politique, qui eût été la ferme base, le fondement de la loi, sa garantie dans l'avenir. Je parle, bien entendu, de l'éducation, non de l'enfant seulement, mais surtout de l'homme. Si la loi eût été comprise, si chacun avait bien vu l'intérêt qu'il avait à la défendre, elle eût duré à coup sûr.

Rien ne vit, rien n'agit, ne dure, qui ne soit fondé dans la conviction, fondé dans la volonté.

Il ne suffit pas que la loi présente le timbre d'une assemblée, il faut qu'on y reconnaisse le cachet du peuple, le timbre de Dieu. Une loi métaphysicienne, abstraite, dit en vain : Je suis la Raison. Elle parle une langue étrangère. Apprenez-moi donc au moins à comprendre cette langue. Si j'ai droit de faire la loi (et ce droit est celui de tous), n'ai-je pas celui de l'entendre ?

Soixante ans se sont écoulés. De cruels malentendus ont mis notre pauvre France à deux pas de sa ruine. Tous ont travaillé, ce semble, à obscurcir la situation. Pas un d'eux n'a pu fonder, ni le prêtre, ni l'anglais, ni le droit divin, ni le soi-disant équilibre constitutionnel, ni l'industrialisme; les voilà tous convaincus d'impuissance ; pas un n'a réussi pour lui, tous ont seulement réussi à embrouiller les affaires et les idées, à enchevêtrer le fil. La presse se consume à dévider le terrible écheveau, et elle n'en vient pas à bout ; elle mêle ses erreurs aux erreurs, ses passions aux passions. Que d'écrivains distingués, d'hommes ardents et courageux j'ai vus là mourir à la peine !

Messieurs, il ne faut pas dévider le fil, et il ne faut pas le couper.

Plusieurs, plus impatients qu'habiles, disent à

toute chose : *Coupons.* Ils n'en savent pas davantage. La seule médecine à leur usage, c'est un certain empirisme chirurgical. On coupera, mais si le mal repousse à côté? « Eh! bien, nous couperons encore. » Mais si le mal est répandu dans tout l'organisme ?... Dans les choses de l'âme surtout, couper, c'est aggraver le mal.

Pour l'âme, il n'y a qu'une chose qui serve, c'est l'âme et la volonté.

Ce qu'il faut ici, c'est une âme assez haute, une volonté assez forte pour dominer la situation, une volonté noble, pure, héroïque, si prête à se sacrifier, qu'elle puisse enseigner à tous le sacrifice volontaire, et qu'elle soit écoutée.

Il faut une âme qui ne connaisse ni chicane, ni violence; qui, naturellement au-dessus, n'ait dispute avec personne, mais qu'en elle on voye une telle lumière, que tous y regardent en haut, et qu'ils n'apperçoivent plus les misères d'intérêt, de vanité, de querelle, qui sont restés à leurs pieds.

« Dévouez-vous. » Avec ce seul mot, l'Inde, on l'a vu, brise les castes, le Christianisme unit le monde antique, la Révolution commence une fédération du genre humain.

Qui dira : « Dévouez-vous »? Le plus dévoué sans doute.—Il faut un miracle du cœur.

Quelque rares et solennelles que soient ces apparitions de l'élément divin qui est en l'homme, mes pressentiments me disent que les temps n'en sont pas éloignés. La France périt certainement, si cette chose n'arrive.—Et la France, tout préjugé national à part, me semble si nécessaire au monde, le salut universel est tellement lié au sien, que je ne doute point ici... Oui, cela sera.

Un homme, des hommes viendront qui auront tellement la fraternité en eux, qu'à les voir et les entendre, on y participera. Ils iront hors des disputes, par le grand chemin du cœur, et le monde courra après eux. Et partout où ils auront passé ainsi, aplanila route, la Loi viendra par derrière, consacrant les pensées des hommes, les volontés héroïques d'un peuple renouvelé.

Je sais bien l'objectiou : « La fraternité sentimentale, libre, livrée à elle-même, n'est pas efficace.—

La fraternité, écrite dans les lois, impérative, coactive, sanctionnée par des peines, est une fraternité non fraternelle. » — Cette objection embarrassera tant qu'on s'en tiendra au vieil idéal de la loi, qui, d'en haut, vient à l'improviste s'imposer aux populations tremblantes. Mais personne n'objectera rien, quand la fraternité, animant, soulevant les cœurs, marchera devant la loi, pour lui frayer le chemin. — Que sera la loi? l'alliance, le fraternel sacrifice des intérêts opposés, la justice des riches, la modération du pauvre, la voix de cette patrie, que nos aïeux nommaient si bien l'*Amitié*.

Mais il faut d'abord que marchent devant des héros de fraternité, qui frayent à tous la voie large, et qui entraînent les cœurs, et qui mêlent toute chose dans un sentiment héroïque, de sorte que les peuples entiers, s'animant d'une obéissance passionnée à la loi, ne la distinguent plus de leur volonté personnelle, la trouvent identique à la liberté.

Voilà le haut, le lointain idéal. — Que sa hauteur toutefois ne nous décourage point.

Est-ce que nous ne sommes pas des hommes? est-ce qu'il n'y a plus de jeunesse en France, ni de cœurs ardents?... On reproche souvent au jeune homme la passion, qu'on croit son obstacle. Et moi, je lui voudrais une plus grande passion, une passion non faible et mobile, mais forte, persévérante et haute, dressée aux choses grandes et sublimes, à celles qui ne passent point.

Oui, c'est une grande passion qu'il me faut ici. Voilà pourquoi je m'adresse au jeune homme. Elle vient bien, dans la tempête; mais, dans une situation, calme en apparence, maladive, mortelle en-dessous, pour prendre un grand et noble élan, il faut l'ardeur de cet âge, la flamme d'un jeune cœur.

Kléber disait la veille d'une mémorable bataille : Je prépare mes facultés. — Préparez les vôtres, dès aujourd'hui, à cette croisade morale.

Il faut, c'est la première chose, faire effort pour échapper aux habitudes, aux entourages qui rapetissent l'esprit. Il faut vouloir étendre son horizon et ne pas croire le matin, quand on a lu son journal, qu'on a embrassé le monde. Il faut aller voir soi-même, s'enquérir, de porte en porte, demander à la France ce qu'elle pense de soi… Hélas! depuis cinquante ans, personne ne daigne s'en informer.

« Mais je suis retenu ici… Je ne puis faire une telle enquête, voyager ainsi au loin… » Les plus profitables voyages sont ceux qu'on fait sur place même, souvent dans sa propre maison, aux ateliers, aux greniers, les voyages de bas en haut.

« Pour voir le pauvre, il faut l'aider, il faut de l'argent, être riche… » De l'argent! la fraternité est tellement effacée qu'on ne suppose plus les rapprochements possibles sans cet intermédiaire! mais l'argent est bien souvent ce qui fausse les rapprochements, ce qui rend les relations impossibles ou serviles. De l'argent! si vous commencez ainsi, tout sera fermé.—Quand vous aurez eu entrée, obtenu confiance et mérité amitié, alors, si vous avez de l'argent, si le travail exige quelque avance, on vous fera cet honneur de s'adresser plutôt à vous. — C'est ainsi, jeune homme, c'est avec ces réserves, que vous pouvez mériter de devenir l'ami des pauvres et commencer de la manière la plus simple, la plus efficace, l'œuvre de la fraternité.

Vous aurez, à ce premier pas, un intermédiaire naturel qui aplanira bien des choses entre vous et les familles. C'est l'enfant qui, vous semble si *bon enfant*, viendra à vous. Il n'a pas la défiance, il ignore les vaines distinctions de classes, toutes les idées étranges, contraires à la nature de l'homme, qui nous traversent l'esprit. Grâce à l'enfant, vous voilà introduit et accepté. Il est entre vous et les siens, avec une familiarité noble et tendre. Dès-lors, la femme parlera, vous contera bien des choses, et le mari, au départ, vous tendra la main.

Ah! si nous autres, les doctes, les éclairés, les subtils, nous mettions dans nos rapports avec les autres hommes la noble simplicité de l'enfance, son ignorance des disputes, la fraternité serait bientôt ici-bas.

Celui qui aura action sur le peuple ne sera pas nécessairement un homme de génie. Il sera un homme héroïque et simple, plus qu'homme par la volonté, mais d'un cœur enfant.

Voilà ce que le jeune homme ne doit pas perdre de vue. Qu'il agisse, parle, écrive, je lui souhaite une âme forte et simple, toute étrangère aux disputes, comme furent plusieurs hommes de la Révolution, un Latour-d'Auvergne, un Desaix. Cette haute sérénité, au-dessus de tout parti, sera le caractère moral où le monde se rattachera.

Naguère, me promenant à Fontainebleau avec un jeune homme qui m'est cher (et qui le sera plus tard à la France), il m'entretenait d'un livre commencé, me demandait ce qu'il fallait y mettre de la polémique du temps : « Rien, lui dis-je. Laissez les disputes à nous autres plus âgés, écrivains déjà engagés dans la bataille, dans le mouvement de la presse. Laissez-nous cette besogne. Elle est utile, mais ce n'est pas la vôtre. Vous, vous devez tendre plus haut. Conservez pour nous relever cette haute virginité de l'esprit. Rien de trouble, rien d'amer. Que nous ayons, nous autres, génération laborieuse, une sphère supérieure en vous, où nous reposions nos yeux fatigués sur une pure lumière de vie. Gardez-la bien, cette vie, cette pureté, cette lumière ; le monde peut-être y puisera tout-à-l'heure. Vous ignorez les disputes ; eh! bien, vous ressemblez en cela à l'ignorance de la France; l'immense majorité n'en sait rien non plus. De leur instinct, courageux, ferme et résigné, au vôtre, jeune et sympathique, il y aura correspondance et des rapports inconnus. Toute la sphère intermédiaire du monde lettré et disputeur vous méconnaîtra. Mais qu'importe ?... Vous monterez si haut, jeune homme, que vous serez entendu du peuple. Le jour où le poëte et le peuple se seront reconnus, compris, une ère nouvelle commence, une ère heureuse, fraternelle.

DIXIÈME LEÇON.

17 février 1848.

(LEÇON NON PROFESSÉE.)

« Des choses, et non des mots. » — Alliance du jeune lettré et du peuple dans l'œuvre commune du monde nouveau. — Le jeune homme ne peut rester dans l'égoïsme ; il est atteint, même en ses plus chers attachements. Il faut qu'il se crée un monde à aimer. — Anéantissement de l'Église et de l'État ; nullité de l'éducation, qui étouffe l'avenir ; absence de toute nourriture morale. L'individu doit suppléer à ce que ne fait point l'autorité. — Contraste de la vie sombre, abandonnée, du peuple d'aujourd'hui, et de la vie brillante, tout *éducative*, du peuple d'Athènes. Unité des facultés humaines : Eschyle. Unité d'opinion, formée par le théâtre. — Le théâtre est la forme la plus efficace de l'*Éducation nationale*. [Cette Éducation sera l'objet d'un cours ; aujourd'hui un mot de ce que peut faire le théâtre.] Comment la légende populaire doit renouveler le théâtre. Lui conserver le caractère populaire. Paroles de la Pucelle. Napoléon chantant à Austerlitz. La légende de Latour-d'Auvergne, premier grenadier de la République. Comment un théâtre vraiment populaire peut recommencer la fraternité.

NOTE DE LA NEUVIÈME LEÇON.

Page 257, *La force du christianisme fut celle du cœur*, force contenue tout entière dans son incomparable légende. Les mystères d'Éleusis, et bien d'autres, enseignaient la mort d'un jeune Dieu, sa résurrection. Mais ici, c'est un Dieu qui aime et *veut* mourir. Cette toute-puissante légende a, par la force du cœur, soutenu plus de mille ans, comme dans les airs, une théologie ruineuse et sans base, qui porte sur le privilége et la préférence d'amour, sur l'injustice de Dieu.

« Des choses, et non des mots. »

Ce que je demande aux hommes de ce temps, dans nos grandes circonstances, ce sont des œuvres efficaces, moins de parlage, moins de disputes. Ne pas se dépenser en vaines discussions, concentrer son énergie.—L'esprit de légéreté parle et jase, l'esprit de contention s'agite et querelle; ils s'usent et s'épuisent d'avance. L'esprit de sacrifice est moins bruyant, il couve, il prépare, il produit, parle moins, fait davantage.

La génération qui va passer fut une génération de *parleurs*. Que celle-ci en soit une de *producteurs* véritables, d'hommes d'*action*, de travail social. D'action, en plusieurs sens ; la littérature, sortie des ombres de la fantaisie, prendra corps et réalité, sera une *forme de l'action*; elle ne sera plus un amusement d'individus et d'oisifs, mais la voix du peuple au peuple.

Quel but des actes et des paroles ? Le même, et très-simple, ne le perdons point de vue; que le tumulte des disputes ne le laisse jamais s'obscurcir devant nos yeux : *Fonder la fraternité*, sur un ordre de choses plus humain et plus juste. La révolution politique, qui doit écarter les obstacles, se subordonnera d'avance à ce but suprême, elle se souviendra qu'elle n'est qu'un moyen d'y atteindre.

Ainsi, dès son premier travail, la Fraternité doit être préparée d'une manière fraternelle ; je veux dire que toute réforme ou révolution politique doit s'appuyer sur l'alliance des classes lettrées et populaires, cultivées et non cultivées, sur les sacrifices mutuels d'intérêts ou de passions que ces deux moitiés de la

France doivent se faire, si elles veulent créer cette fois une œuvre moins passagère que ne fut leur premier essai. Pour créer un monde nouveau, il faut l'accord des sentiments, l'unité d'actes et d'efforts. La génération est de tous les actes celui qui suppose le plus l'accord de deux volontés. L'enfant conçu dans la dispute naîtra-t-il ? vivra-t-il ? jamais.

Sachons bien (c'est toute la pensée de ce cours) que nous ne ferons rien de bon sans le peuple. Nos petites réformes bourgeoises ne servent point le bourgeois même. — Et que le peuple sache bien aussi que, sans le concours des hommes cultivés, de ceux qui ont eu le temps et l'étude, qui ont concentré dans la science l'expérience des temps passés, le peuple ne peut rien de durable.

Je ne vois pas au reste qu'en général, et dans l'état ordinaire, ces deux forces, le savant, le peuple, soient portées à se méconnaître. Nos jeunes gens lettrés, éclairés, dont j'ai vu ma chaire entourée, me semblaient pleins d'âme, de cœur pour les classes souffrantes et laborieuses. Celles-ci, de leur côté, ont une remarquable déférence pour la science bien constatée.

Voyez de quels sentiments est entouré le bon et charitable médecin. Bonaparte savait si bien l'ascendant de la science sur le peuple, et sa disposition naturelle à lui rendre hommage, que, même après ses éblouissantes victoires d'Italie, il crut ajouter à sa popularité en prenant place à l'Institut dans la section de mécanique.

Oui, pour bâtir solidement, il faut la ferme alliance du savant, du peuple, — de l'étude, de l'inspiration, — de la pensée réfléchie et de l'instinct énergique.

Des nuages se sont élevés, je le sais bien, des divisions, des oppositions d'intérêts et de pensées. Il ne manque point de gens pour les aigrir, les augmenter, en les systématisant. D'autre part, les plus intéressés à la conciliation se pressent, se précipitent à la violence, à la ruine. Ils ont hâte de périr... Le temps vole. Il se resserre, l'intervalle où nous pouvions travailler à combattre les défiances, décider les sacrifices, au nom de la nécessité, de l'intérêt même, neutraliser d'avance les plus dangereux effets du divorce social. N'importe, je me fie encore à la magnanime ardeur qu'une jeunesse désintéressée et vraiment française peut mettre à l'œuvre sainte de la réconciliation. Entre le jeune homme et le peuple, je ne crois pas qu'il faille tant de paroles, tant de discussions pour recommencer la fraternité. Elle est l'état naturel; c'est la situation présente qui est monstrueuse et contre nature.

Pour peu que le jeune homme y songe, il n'hésitera pas un moment à aller au-devant du peuple. Il n'est pas libre de s'enfermer dans un paisible égoïsme. Ni dans la fortune, ni dans la famille, il n'aurait sécurité. La fortune? elle disparaît pompée par la bourse, par l'alliance intime des banques et des rois. La famille? partagée entre deux croyances opposées, elle offre justement l'image de discorde qu'on voit dans l'état; un seul mot que j'ai dit ailleurs : « Épouser celle dont un autre a l'âme, jeune homme, souviens-t'en, c'est épouser le divorce. »

Ainsi, jusque dans l'amour, où ton cœur se réfugierait, là tu es atteint. Telle est la société où tu vis, telles les influences ennemies qui travaillent le cœur qui t'es cher, que tu n'auras jamais en ce monde, si tu ne modifies ce monde, que des ombres de l'amour...

Il faut que tu te crées un monde meilleur, plus conforme à ta pensée. Il faut que ton cœur s'élargisse, et pour que l'amour même individuel ne soit point frustré ici-bas, il faut, jeune homme, que tu t'élèves aux formes plus générales, plus hautes de l'amour, que tu te crées par l'énergie, par le génie, nouveau Prométhée, un sublime objet à aimer, une Pandore sociale... Aime cette création d'avenir, que tu feras chaque jour et qui sera tienne, aime la Cité nouvelle que tu bâtis, aime et fais ta foi... La femme aujourd'hui se détourne et recule aux vieilles pensées, pourquoi? c'est qu'en toi elle ne sent pas assez le souffle vivant de l'esprit nouveau; elle te suivra du cœur, dès qu'elle te verra héroïque et reconnaîtra Dieu en toi.

La femme a besoin de Dieu. Mais, quelle image de Dieu voit-elle en l'homme d'aujourd'hui?... Est-ce l'étroite préoccupation de l'intérêt, de l'argent, qu'ont tant de jeunes vieillards, cette peur de l'avenir, cet effroi de la concurrence qui accuse qu'on est le moins digne?... — Est-ce la froideur mortelle, la sèche et triste indifférence, qui, n'ayant que faire du cœur, va cherchant des plaisirs vulgaires, et revient plus indifférente, plus que jamais morte à l'amour?

Je sais bien que, chez plusieurs, la froideur n'est qu'apparente, que le feu sacré est couvert plutôt qu'éteint. « Si nous sommes douteurs ! disent-ils, c'est que rien de grand à croire, à aimer, n'apparaît à l'horizon. Ce n'est pas la foi qui nous manque, mais plutôt l'objet de la foi. Qu'est-ce que vous nous enseignez qui puisse faire de nous des croyants?... Nous nous traînons, il est vrai. Qu'on nous montre quelque but sublime, nous aurons des ailes encore ! »

Nul homme, nulle voix humaine ne pourra vous montrer jamais un but plus haut que celui où la nécessité vous appelle, le salut public et le vôtre. Ce n'est pas un homme qui parle, c'est le temps qui crie....

Jamais un champ plus vaste ne s'est ouvert à l'héroïsme de l'individu. — Dans cette société veuve, où la religion et la politique finissent en même temps, où l'État n'est plus, où le prêtre n'est plus, reste à l'homme d'être fort et grand, de remplir de son activité féconde les deux places immenses qui se trouvent vides, de sorte que tous ceux qui cherchent, qui craignent, parmi ces grandes ténèbres, qui ne voient plus la patrie, ni Dieu, les retrouvent à leur sanctuaire, au foyer de l'âme humaine.

Non, le prêtre n'existe plus, et sa place est vide. L'esprit a passé ailleurs, la force morale ailleurs. Le triste mystère d'une vie contre nature se révèle trop chaque jour... et jusque dans nos cours d'assises.—Qui veut la place du prêtre?

Et l'État existe-t-il, quand les premiers hommes publics, accusés de choses honteuses, ne répondent qu'en montrant la force à ceux qui attestent la loi, et pour toute justification, leur lancent ce défi : « Soyez forts! »

De tant de choses coupables, la plus coupable, à mon sens, ce n'est pas encore d'avoir tellement foulé le présent, mais surtout d'avoir, autant qu'on pouvait, étouffé l'avenir, d'avoir, par l'abandon des générations nouvelles qu'on délaisse dans la barbarie, abaissé, compromis d'avance les révolutions prochaines. Ce serait, grâce à l'infidélité de nos tuteurs politiques, ce serait des révolutions barbares qu'il faudrait encore attendre, si l'on ne comptait sur le progrès général des mœurs, sur l'heureux instinct de ce peuple, qui, quoi qu'on fasse, avance dans les voies de la raison.

Lorsqu'en 1833, une enquête immense, faite, non par des inspecteurs ordinaires, mais par quatre cents personnes, professeurs, magistrats, hommes graves de toute classe, lorsque, dis-je, cette enquête eut révélé la profonde plaie de la France, la nullité de ses écoles, que fit-on, pour la guérir? On devait s'attendre que l'État, si bien averti, ne se remettrait plus de son plus sacré devoir à l'insouciance, à l'avarice des communes, qu'il prendrait lui-même en main l'éducation nationale. Il fallait trente millions, somme minime sur un budget qui, pour tant de dépenses vaines, augmentait de cinq cents millions.

Tout est resté abandonné. — Les communes ont fait peu de choses, on pouvait bien le prévoir. — Les écoles normales, créées pour former des maîtres d'écoles, languissent, périssent, n'ayant à promettre aux jeunes maîtres que la famine. — Les bibliothèques populaires, ce fastueux projet de doter chaque village d'une bibliothèque commune, qu'est-ce que tout cela est devenu ?... On n'a voulu, on n'a osé rien faire, soit pour laisser le champ libre à l'activité du clergé, soit qu'une haute politique s'effrayât d'éclairer les hommes. Et pourtant, combien devrait-on, à la veille des révolutions, désirer plutôt un progrès dans la civilisation, et l'adoucissement des mœurs, qui en est le résultat !

Ni l'État, ni le clergé, ne donne aux populations le moindre aliment moral. Ils ne le veulent, ils ne le peuvent... Qu'a-t-il à donner aux autres, celui qui n'a rien en lui ?

Écoutez leurs orateurs, religieux ou politiques, ils remâchent leurs vieilles formules, ou bien jouent agréablement sur la circonstance du jour.—De principes? rien. D'idées? rien.—Toute leur adresse, en chaire, c'est d'éluder Dieu ; s'ils le nomment, cela sonne faux; ils s'excusent, semblent dire : « Assez, parlons d'autre chose. »

Pas un d'eux, aujourd'hui, ne sortira des paroles qu'on peut toujours désavouer. Aucun n'oserait, par un livre, fixer sa pensée flottante, qu'il ne pourrait plus démentir demain.

Arrière, faux Anciens du peuple !... Descendez. — Laissez, qu'il monte au siège de justice, le passant, jeune ou vieux, n'importe, qui vient au nom de la foi.

Tout homme qui a un grand cœur doit le sentir plus grand encore, dans la nécessité suprême de suppléer ces maîtres de la moralité publique, dont il ne nous vient plus d'enseignement, que leurs exemples et leurs procès. — Ils enseignent maintenant.. pour la mort... et non pour la vie !

Donc, je prends un homme quelconque, dans la foule, je lui mets la main sur le cœur, j'écoute comment il bat, et je dis : « A toi !... Tu es homme; parle aux hommes. — Dis-nous des paroles humaines. Dis-moi quelque chose de Dieu, quelque chose de ma France, quelque chose de mes pères, des actes immortels qu'ils ont faits pour moi... Ouvre le cœur de ton cœur, et que ton sang coule, et que tes paroles roulent avec tes larmes... Tu es prêtre, je le reconnais !... Homme, il faut que dans ce naufrage où l'Église et l'État périssent, tu sois seul l'État et l'Église...

» Prends avec toi douze hommes forts, douze hommes jeunes et de grande volonté. Et tous ensemble, soulevés d'une puissante alacrité d'âme, mettez-vous simplement à marcher devant le peuple. Donnez-lui des livres et des fêtes, en attendant qu'il ait des lois ! Donnez-lui l'enseignement souverain qui fut toute l'éducation des glorieuses cités antiques : un théâtre vraiment du peuple. Et sur ce théâtre, montrez-lui sa propre légende, ses actes, ce qu'il a fait. Nourrissez le peuple du peuple. Qu'il s'alimente de lui-même, reprenne force et courage à cette bonne nourriture de vie, pauvre malade épuisé.... Que l'âme lui revienne aujourd'hui ; la Loi reviendra demain. »

On ne fait point de livres populaires, je le sais parfaitement. De tels livres se font eux-mêmes. Que ce peuple se ranime, il chantera lui-même pour lui ; et nous, nous écouterons. Mais aujourd'hui, c'est nous d'abord qui devons parler, écrire. L'obstacle de son côté est vraiment trop grand, son cœur est serré, le souffle lui manque, il a à peine une voix. Muet depuis si longtemps, la parole ne peut lui venir, sa langue desséchée est immobile en sa bouche.

Le cœur saigne quand on songe dans quel complet dénûment de toute assistance morale passent les jours sombres, infortunés du peuple. Rien qui le nourrisse, le ranime ; rien qui dilate la poitrine, relève l'homme courbé sous la pesanteur des maux. La seule chose qui soit permise, que vous entendiez crier pour lui dans les rues, c'est le cri des exécutions, l'annonce de la peine de mort. L'ouvrier aisé des villes a le mélodrame sanglant, la Gazette des Tribunaux, l'enseignement mutuel du crime. Le paysan ? rien.

Vie sombre et sans consolation ! Vie sauvage où la société n'intervient que pour punir !... J'ai gardé de ma dure et nécessiteuse enfance cette impression singulière, qui pourtant exprime trop bien les ténèbres où vivent tant de millions d'hommes : Que, pendant dix ou douze ans, jamais n'avait lui le soleil.

J'éprouvais parfois le besoin de société et de fêtes. J'allais de moi-même là où je voyais des hommes, aux églises ; j'assistais, derrière un pilier, à ces pompes d'un autre âge, à ces mystères qu'on nous met entre l'homme et le Dieu de l'homme. Toujours je m'éloignais plus triste; il m'eût fallu d'autres fêtes plus divines (étant plus humaines).

Quel contraste, quand on se rappelle la vie toute lumineuse, la vie brillante, héroïque des cités de l'antiquité, la vie, tout *éducative*, permettez ce mot, du peuple d'Athènes, à-la-fois amusante et sérieuse, toute en actes publics, en fêtes. — « Vie aristocratique, » dit-on, c'est l'objection que ne manquent pas de faire les grands amis du moyen-âge. Mais qui de vous accepterait une telle aristocratie? L'Athénien, le libre et souverain citoyen d'Athènes, non-seulement votait, jugeait, combattait, mais naviguait, tirait la rame; il paraissait sur le théâtre; c'était un privilége du peuple de jouer, au moins dans les chœurs. Les habitants non citoyens assistaient à ces spectacles, prenaient part aux fêtes religieuses et civiles qui, elles-mêmes, étaient des spectacles. Le moindre esclave, après tout, vivait au milieu de ces fêtes, y aspirait le souffle d'Athènes. Il lisait Homère aussi bien que son maître. Plus d'un homme libre faisait des travaux d'esclave, comme Cléanthe, qui puisait l'eau toute la nuit pour philosopher tout le jour. Platon fut esclave un moment. Le plus héroïque héritage qui passa des Grecs aux Romains fut un tel esclave, Epictète.

Ce qui fait la beauté d'Athènes, c'est que chez ce peuple actif, énergique, s'il en fut jamais, tout Athénien était prêtre avec les prêtres, acteur avec les acteurs. Le culte et le théâtre n'étaient pas le monopole de quelques-uns, mais la fonction de tous.

Il en résulta une chose sublime, c'est que l'homme s'éleva là à une telle unité de facultés qu'on n'en a pas vu de pareille au monde. Imaginez ce grand Eschyle, le soldat de Salamine, qui, revenant de la bataille, jette son épée, et, devant le peuple, joue lui-même la victoire. Un moderne n'eût pas manqué de courir au décorateur; il lui eût demandé une mer, une flotte; il eût mis le drame dans tout ce qui n'est pas l'âme. Eschyle ne s'en soucie guère. Il joue seul, ou presque seul. Voilà le palais de Xercès, le plus secret fond du palais, et tout Athènes regarde. La reine attend, elle craint, elle pleure.... Un messager, la tête chargée de cendres, vient lui raconter la défaite. Xercès lui-même arrive, en lambeaux, un arc sans corde à la main.... L'arc de l'Asie est brisé.... Triomphe à jamais, invincible Athènes !

Chose plus hardie encore. Le même homme s'attaque au vainqueur, au dieu de Delphes dont l'oracle prétend avoir sauvé la ville. A ce jeune dieu de la cité, il oppose les vieilles divinités de la nature. Ce dieu a ordonné le crime d'Oreste; mais les saintes Euménides, vengeresses du sang versé, condamnent le parricide; elles lancent à Apollon lui-même cette parole audacieuse : « Voyez-vous ce trône de Delphes? comme il dégoutte de sang! »

Ce fut un spectacle incroyable, et qui ne s'est vu qu'une fois, de voir Eschyle représentant lui-même sur la scène son terrible Prométhée, cloué et crucifié sous les yeux du peuple par la Force et la Violence, qui, à grands coups de marteau, enfonçaient les clous d'airain. Et lui proclamait du haut de son roc la mort future de Jupiter, l'avènement d'une meilleure race de dieux.

Vrai héros! sublime unité! le même homme défend sa patrie, l'enseigne, l'illumine, lui agrandit les cieux. Il affermit le foyer d'Athènes, assure ses dieux contre les barbares; — mais ces dieux même, il les trouve barbares, et leur prédit leurs successeurs.

Quelle merveilleuse éducation que ce théâtre d'Athènes ! plus féconde à l'âme du peuple que le subtil enseignement des Socrate et des Platon. Tout ce que ceux-ci donnaient en logique aux disciples choisis des jardins d'Académus, le peuple l'avait reçu en fortes et puissantes images, disons mieux, en actes héroïques, de ses sublimes acteurs, les Sophocle et les Eschyle.

La souveraineté du peuple apparaissait au théâtre plus que sur la place publique. Athènes méritait le nom que les sophistes lui donnaient, sans en sentir la portée : Une théâtro-cratie. Le peuple, acteur tout entier, jouait le peuple antique (revivait sa vie d'autrefois), ou raillait le peuple moderne, c'est-à-dire lui-même. Quand on voit dans Aristophane le vieux bonhomme *Peuple*, moqué, volé par ses esclaves, on sent bien qu'une telle scène eût été bien dangereuse à l'auteur et à l'acteur si le peuple n'eût joué lui-même. Lui-même en effet remplissait les chœurs.

Le peuple souverain au théâtre, tour à tour acteur

et critique, y retrouvait incessamment l'unité compromise dans les disputes de la place publique; il se créait cette communauté de pensées, de sentiments, cette âme identique, qui fut le génie d'Athènes et qui reste encore dans l'histoire le lumineux flambeau du monde. Là, il se formait ses idées, qui faisaient ses mœurs, et des mœurs sortaient les lois. Parmi les factions même et les intérêts opposés, les lois n'étaient pas discordantes, parce qu'elles rappelaient le foyer commun, le terrain neutre et désintéressé, où s'élaboraient l'opinion, la moralité, pour tout dire, l'âme du peuple.

Un théâtre vraiment populaire où le peuple joue pour le peuple, comme il en fut à Athènes, comme il en fut dans nos mystères du moyen-âge, où jouaient des foules, où parfois la moitié d'une ville s'amusait à amuser l'autre; un tel théâtre, dis-je, c'est la forme la plus efficace de l'éducation nationale. Efficace pour rapprocher les hommes, commencer la fraternité; efficace pour cultiver les travailleurs fatigués qui ne lisent point et qu'un enseignement direct ne manque guère d'endormir; efficace pour développer, aiguiser l'esprit, soit l'esprit réfléchi du Nord qui juge et critique la vérité de la représentation, soit l'esprit spontané, improvisateur des Méridionaux ; à ceux-ci ce serait dommage de donner des pièces faites, un texte suffit, ils sauront bien eux-mêmes le développer.

Je consacrerai un cours à l'*Éducation nationale*, étudiée dans toutes ses parties : enseignement proprement dit, enseignement indirect, et par les livres, et par le culte, et par les fêtes et le théâtre. Je ne prétends pas mettre ici un cours dans une leçon. J'ai dit en ces dix leçons la première chose qui me semblait essentielle à dire au public.

Un mot seulement. Dans ce moment où l'État et l'Église sont indifférents ou hostiles au développement national, le génie individuel y aidera puissamment, si, mieux inspiré, il se fait entendre du peuple par la légende commune, la légende simple, forte et vraie, ou dans les livres, ou dans le drame. La plupart de nos grandes légendes nationales sont hors des disputes du temps, et telles qu'aucun pouvoir n'oserait les interdire sans se dénoncer lui-même.

Ce moyen d'éducation, le plus puissant de tous, qui fit le génie de l'antiquité, nous est plus nécessaire peut-être encore. Le besoin urgent de la France est de se retrouver elle-même, de se redire qui elle est, ce qu'elle fut, ce qu'elle fit. La légende, non gâtée par le romanesque et le fantastique, mais retrouvée selon le cœur et selon la vérité, répondra seule à ce besoin. Ceux qui ne l'ont pas au cœur, qui n'en sentent point la portée morale, l'annulent en croyant l'orner. Le génie même peut s'y tromper. Les pièces historiques de Shakspeare, si vagues (une seule exceptée), si faibles devant l'histoire, montrent assez que le plus grand génie du monde ne doit point se jouer sur ce terrain sacré de la légende nationale, s'il n'a la patrie dans le cœur.

Celui qui se serait tellement incorporé la légende, qu'elle serait dans son sang, dans sa fibre et dans ses os, celui-là aurait un don ; c'est que la fibre de tous remuerait à sa parole et que tous le comprendraient, tous, paysans, ouvriers, les plus incultes travailleurs, et que tous le respecteraient, et que personne ne rirait, et qu'il n'y aurait pas de critique. Tous, devant cette lumière, qu'ils le voulussent ou non, baisseraient les yeux. Tous les cœurs groupés autour formeraient au grand harmoniste comme un immense clavier dont il remuerait les cordes à son gré ; il jouerait de toute la France et il en tirerait une symphonie merveilleuse de bonne entente et de concorde.

Je ne sais pas bien si le génie littéraire est la première condition pour opérer ce miracle. L'immensité, la profondeur, la fantaisie de Shakspeare, — la force du fort des forts, de celui qui fit Tartufe, n'y réussiraient pas peut-être. — Il faut bien plus et bien moins. Il faudrait cette chose à laquelle nul cœur ne résiste, un charme d'enfance et de sainteté, comme il est dans les paroles de la Pucelle d'Orléans, — et en même temps une verte vigueur d'héroïsme populaire, comme dans ses vives répliques aux ruses des pharisiens.

A cette hauteur plus haute que toute littérature, la critique expire ; les prétendues convenances finissent. Rien de noble et rien de bas. Tout est permis à cette sublime enfance, elle peut dire tout ce qu'elle veut... Notre rôle est d'adorer.

Dans ces réponses de Jeanne d'Arc, au milieu des plus grandes choses, qui semblent venir du ciel, vous en trouvez d'autres, populaires, vertes et vives, qui sont du village, de cette gaillarde race des paysans de la frontière. Il ne faut pas, comme on a fait, y mettre tant de différence. Tout est de la même source, tout du peuple et tout de Dieu.

Entr'autres questions captieuses, pour trouver quelque prétexte de magie, et parvenir à la brûler, on lui adresse celle-ci : « Jehanne, ne disiez-vous pas aux gens d'armes de se faire des étendards à la ressemblance du vôtre, que cela leur porterait bonheur ? — Non, je disais seulement : Entrez hardiment parmi les Anglais, et j'y entrais moi-même. » — Puis, s'impatientant de toutes ces subtilités : « Je viens de par Dieu, je n'ai que faire ici ; renvoyez-moi à Dieu, dont je suis venue ! — Jehanne, vous êtes donc bien sûre que vous êtes en état de grâce ? (question perfide, qu'elle répondît oui ou non, elle tombait dans un piége.) — Si je n'y suis, Dieu veuille m'y mettre. Si j'y suis, Dieu veuille m'y tenir ! » — Les pharisiens restèrent stupéfaits.

Un peu plus loin, parlant d'un secret d'en haut qu'elle voudrait bien dire au Roi pour le salut de la

France, elle dit naïvement : « Ah ! s'il le savait, il en serait plus aise à dîner... Je voudrais qu'il le sût, et ne pas boire de vin jusqu'à Pâques. » Voilà le trait du paysan, si sobre, mais il faut un peu de vin. Pour elle, à la guerre, elle ne mangeait presque rien ; un doigt de pain dans du vin lui suffisait pour tout un grand jour de bataille.

Nos auteurs ne manquent pas de supprimer de tels traits. Et c'est justement la vie populaire. Qui d'eux oserait raconter qu'au solennel moment où ce calculateur terrible, Napoléon, vit l'armée russe, à Austerlitz, se placer juste à la place qu'il avait dès longtemps choisie, il ne retint pas sa joie, et se mit à demi-voix à chanter un air du temps (Ah ! comme il y viendra....). L'ennemi était venu de lui-même à ces étangs glacés qui allaient l'ensevelir.

Austerlitz fournirait un sublime proverbe héroïque, comme bien d'autres faits de l'Empire, époque toujours saisissante pour le peuple, par la grandeur des événements, l'étrangeté des guerres lointaines, par les cruels revirements, les tragédies du destin. Ces légendes, toutefois, ont l'inconvénient d'augmenter, de fortifier un sentiment trop naturel, l'adoration de la force et de la victoire, à part toute idée morale. L'idée, la moralité, domine au contraire dans nos belles légendes de la République, les seules qui puissent vraiment comparaître auprès de celle de la Pucelle d'Orléans.

Respectez-les, vous qui vous hasarderez à toucher ces saintes légendes, conservez-nous les bien entières. Au nom de la France, n'en écartez rien de ce qui en fait la vie, quand même tel ou tel détail vous semblerait faire tort au héros. Ah! laissez-le donc être homme... Combien le peuple vous en saura gré!

Si, par exemple, vous donniez la pure, l'adorable légende du premier grenadier de la République, ne retranchez rien, je vous prie. Montrez-nous le bien tout entier. Qu'on voie dans Latour-d'Auvergne, outre le soldat, un simple et un saint, un bonhomme d'antiquaire, plus sobre que les anachorètes, obstinément pauvre, n'ayant rien et toujours trop, un pauvre donnant aux pauvres. — Dites que ce terrible soldat était un homme d'une bonté, d'une patience extraordinaire, d'une imagination douce, romanesque, un peu chimérique, comme parfois on en rencontre dans la légende des saints bretons.

Il fesait avec simplicité des choses si hardies, que tous les auraient crues absurdes, et telles qu'on n'en lit guère que dans Cervantès, comme lorsque, se mettant dans une barque avec un petit canon, il prit un fort à lui seul. Son faible n'était pas les romans de chevalerie, mais les antiquités celtiques. Ses livres ne le quittaient guère plus que son épée; les balles durent parfois s'aplatir sur la dure *Grammaire* bretonne, ou sur le *Précis historique de la ville de Carhaix*. Il faisait la rude et obscure petite guerre des Pyrénées, toujours à pied, laissant son cheval aux pauvres recrues qui n'étaient pas encore bien endurcies à marcher. Ces recrues, fort peu aguerries, et dont telles pourtant firent plus tard l'honneur de l'armée d'Italie, durent infiniment à la bonté patiente de Latour-d'Auvergne. Il avait une méthode pour les enhardir; c'était d'aller seul en avant, son manteau sur le bras; il recevait la décharge, son manteau était criblé, lui jamais blessé; il se retournait en riant avec douceur, tous ces jeunes gens s'élançaient…

Il n'était pas jeune, au moment de la Révolution. L'appel de 92 le trouva collé sur ses livres, où il prouve invinciblement la suprématie des Celtes, seule origine du monde. Il partit gaîment, et, mettant son système en action, prouva merveilleusement la bravoure celtique. Rendu plusieurs fois à ses livres par l'âge ou par les circonstances, toujours son cœur le ramenait à l'armée, tantôt le danger de la France, tantôt l'amitié; il fut trois fois volontaire (la dernière à cinquante-sept ans), une fois comme remplaçant, pour rendre à son ami, à son maître en antiquités, un jeune fils, appui de sa vieillesse. Il était à peine arrivé, que, dans un combat d'avant-poste, un malheureux hulan lui perça le cœur. Toute l'armée en pleura. Chaque soldat voulut contribuer pour lui, donna quelques sols, la solde d'un jour. De ces sols, on acheta une urne où l'on mit son cœur, et que le quarante-sixième portait toujours avec lui sous le drapeau. Son nom restait au contrôle, et on ne manquait jamais de l'appeler à son rang; le plus ancien grenadier répondait : « Mort au champ d'honneur. »

Ce qui fait bien sentir la distance entre la légende

républicaine et la légende impériale, c'est la lettre touchante par laquelle cet homme héroïque exprime sa douleur d'avoir été nommé par Bonaparte : *Premier grenadier de France.* Il refuse, il proteste que, dans son corps, « il n'y eut jamais premier, ni dernier. » Il est, dit-il, vivement affecté, il est trop jaloux de l'estime et de l'amitié des grenadiers, pour s'aliéner leur cœur. « Mes voies ont toujours été droites et faciles. J'attendais de mes services, si l'on y attachait un jour quelque prix, un salaire plus digne d'un homme de guerre : ou l'oubli, ou que l'on ne s'en rappelât qu'à ma mort. »

Grande, superbe leçon de la République à l'Empire! Dernière et grave parole de ce temps antique où personne ne s'imaginait, en donnant tout à la patrie, avoir assez fait pour elle.

Ces légendes-là sont si fortes de fonds, quelle que soit la forme, que si, par essai, vous les donniez à représenter à nos paysans de telle partie du Midi, vous n'auriez que faire de leur composer une pièce; il suffirait d'un bon texte, d'un *libretto* bien entendu; le reste irait de lui-même. L'improvisation est naturelle chez eux, non molle et vague, comme en Italie, mais étonnamment énergique. Regardez-les autour d'un charlatan, d'un théâtre en plein vent; leurs yeux s'allument; visiblement, ils prendraient volontiers le rôle de l'acteur, et parleraient à sa place.

Même, dans des pays moins animés du feu du ciel, pour des choses nationales, il n'y a pas besoin d'acteurs; tout le monde serait acteur. Ainsi que Camille Desmoulins l'a dit : « Ce sont des Athéniens. » Naguère encore, dans l'Ouest, je ne sais si cet usage subsiste, dans plusieurs départements, on jouait *la pastourelle;* c'étaient des jeunes gens, vifs, intelligents, qui s'en tiraient à merveille. Les sujets n'y prêtaient guère. Combien mieux la chose eût été, s'il se fût agi de sujets nationaux, qui déjà sont dans le cœur de tous !

Seulement, si l'on mettait en scène un personnage à respecter, comme celui de Latour-d'Auvergne, il serait à désirer qu'on ne le confiât qu'à un homme qui pourrait le rendre digne. J'espère bien que nous laisserons là notre absurde préjugé sur le prétendu déshonneur qu'il y a à dire tout haut ce qu'on trouve beau et honorable de lire et de dire tout bas. Bonnes gens, est-ce que par hasard vous vous croiriez supérieurs à Shakspeare ou à Molière? est-ce que vous seriez plus noble que le héros de Salamine, qui joua la bataille quand il l'eut gagnée?...

Moi qui vous vois sous vos masques, ô pauvres acteurs du monde, je jure bien que si jamais vous vous associez au peuple pour jouer ensemble la comédie nationale, ce sera la première fois que vous aurez été vrais.

Ah! que je voye donc, avant de mourir, la fraternité nationale recommencer au théâtre!... un théâtre simple et fort, que l'on joue dans les villages, où l'énergie du talent, la puissance créatrice du cœur, la jeune imagination des populations toutes neuves, nous dispensent de tant de moyens matériels, décorations prestigieuses, somptueux costumes, sans lesquels les faibles dramaturges de ce temps usé ne peuvent plus faire un pas.

Vous verriez là des Eschyles, qui, mettant la pièce en poche, y substituant la leur, leur énergie héroïque, joueraient, comme celui d'Athènes, sans réserve, sans ménagement, à la mort ou à la vie... qui, comme lui, cloués, sur le roc de Prométhée, livreraient leurs mains aux clous, leurs bras au marteau.

Qu'est-ce que le théâtre? L'abdication de la personne actuelle, égoïste, intéressée, pour prendre un rôle meilleur.... Ah! que nous en avons besoin!.... Venez, je vous prie, venez reprendre votre âme au théâtre populaire, votre âme au milieu du peuple !

Qu'est-ce que le théâtre? l'oubli momentané de nos misérables querelles... Mettez deux hommes ensemble, partout ailleurs, ils disputent. Envoyez-les au théâtre, comme acteur ou spectateur, à reproduire ou regarder les hommes qui valurent mieux, ils oublient, ils critiquent ou applaudissent ensemble. — Oublier ensemble déjà, c'est de la fraternité.

Un homme venant proposer une mnémonique au grand Thémistocle : « Donne-moi donc plutôt, dit-il, un art d'oublier. » — Or, cet art, c'est le théâtre. L'art d'oublier le mal, le bas, le vulgaire et la vie; au contraire, de se souvenir de la vie haute, noble, pure, que l'on eut dans un autre âge.

Des fêtes ! donnez-moi des fêtes ! et des drames,

des choses fictives, plus nobles que ce que je vois ! Que je repose, me recrée, me relève, aux paroles des anciens héros !

N'allez pas me dire (c'est là leur objection ordinaire) : « Non, tu es si malheureux que tu n'as pas besoin de fêtes. Tu es trop triste, ennuyé, soucieux ; tu as trop baissé déjà sous la pesanteur des maux. La vie chez toi est lourde et lente ; ton sang appauvri coule à peine... A quoi te serviraient les fêtes, et les drames, le spectacle des douleurs antiques ?... Tu as bien assez des tiennes. »

Eh bien ! je vous dirai, mes maîtres, que c'est justement pour cela que les fêtes me sont nécessaires. L'inquisition en donnait bien, le terrorisme en donna... Et, si je remonte au peuple le plus heureux, parce qu'il fut le plus actif, Périclès disait déjà à ce jeune, héroïque peuple : « Nous avons de belles fêtes pour adoucir et charmer la mélancolie de la vie. »

Si les Athéniens, peuple souverain d'un empire qui couvrait la mer Égée et l'Asie Mineure, qui aspirait à l'Italie, si les Athéniens, régalés de fêtes, de spectacles, la nuit et le jour, étaient pourtant mélancoliques, comment ne serais-je pas triste, moi, à qui vous contestez, ô maîtres sévères, la jouissance de siéger à quelque banquet politique, et d'entendre parler des droits d'électeurs ou d'éligibles, qui, il est vrai, ne sont pas miens?

Je voudrais au moins, en quelque village, après la vendange, après la moisson, jouer, voir jouer quelqu'une de ces belles légendes, pour me figurer un moment que je suis venu à une époque héroïque de braves gens désintéressés, comme était Latour-d'Auvergne. Il est temps que cela me vienne. J'ai vu la fin de l'Empire (un temps où le soleil ne s'est pas levé une fois, autant que je me rappelle); j'ai vu l'imbécillité de la Restauration, et la trahison depuis. Il faut bien, pour me faire quelque illusion, que je la place au théâtre. Il y a longtemps, très-longtemps que je n'ai ri... Et même, ai-je bien ri jamais?.. Voilà ce qui manque à mon cœur, ce qui manque sans doute à la France. Elle ne rit guère, ou bien des lèvres. Si elle riait une bonne fois, et des puissants, et d'elle-même, de sa longue patience, qui sait si, de tous les trônes du monde, un seul resterait debout?

En attendant, la vie se passe ; nous n'avons tous, comme disent les bonnes gens, que notre pauvre vie en ce monde. Rions... Mais, pour cela, il faut que notre cœur se relève ; que l'on se rapproche, et ville et campagne ; que le paysan nous accueille un peu, nous, ses bons acteurs; plus tard il saura bien être son acteur lui-même. Qu'un jour, au moins, la table soit commune entre la joyeuse troupe, qu'on la bénisse, cette table, par la délivrance de quelques prisonniers pour dettes, comme faisaient les anciens, ou mieux, par l'adoption de quelque enfant abandonné de l'amour qu'on adoptait sur l'autel, aux fêtes de la Fédération. Nous pourrions alors gaiement jouer ensemble Latour-d'Auvergne, ou tout autre drame, comédie nationale, proverbe héroïque, n'importe, rire, pleurer, et dire : « Je suis homme et j'ai vécu. »

www.ingramcontent.com/pod-product-compliance
Lightning Source LLC
Chambersburg PA
CBHW060451170426
43199CB00011B/1161